高等职业教育新形态系列教材

民航服务心理

Service Psychology of Civil Aviation

主　编　巫英慧　孙媛媛
副主编　胡　茜　郭冉冉
参　编　王爱鸟　刘　莹
　　　　韩冰洁

北京理工大学出版社
BEIJING INSTITUTE OF TECHNOLOGY PRESS

内 容 提 要

本书充分吸收和借鉴本学科国内外研究的新成果，将重点放在学科体系、内容体系、结构体系的创新上，结合心理学知识与民航服务工作案例，细化知识点，充分注重实用性和实训性。全书共分为四大模块十二个项目，其中，模块一：走进"心"世界——认识民航服务心理，包括心理学概述、民航服务心理学；模块二：从"心"开始——民航服务中的个体心理因素，包括旅客的感知觉、旅客的需要和动机、民航服务中的个性分析、旅客的情绪和情感、旅客的态度；模块三：用"心"服务——民航服务中的外部环境因素，包括民航服务中的社会因素、民航服务中的人际关系、民航售后服务心理；模块四：我"心"我做主——空乘人员的心理保健，包括民航员工心理健康管理、空乘人员心理素质的培养和提升。

本书可作为高等院校空中乘务、民航地面运输、旅游服务与管理、酒店管理与数字化运营等专业的配套教学用书，也可作为相关行业岗位人员的培训及参考用书。

版权专有　侵权必究

图书在版编目（CIP）数据

民航服务心理 / 巫英慧，孙媛媛主编. ——北京：北京理工大学出版社，2021.6（2021.12重印）
ISBN 978-7-5763-0013-0

Ⅰ.①民… Ⅱ.①巫… ②孙… Ⅲ.①民用航空—旅客运输—商业心理学—高等学校—教材　Ⅳ.①F560.9

中国版本图书馆CIP数据核字（2021）第134938号

出版发行 /	北京理工大学出版社有限责任公司
社　　址 /	北京市海淀区中关村南大街5号
邮　　编 /	100081
电　　话 /	（010）68914775（总编室）
	（010）82562903（教材售后服务热线）
	（010）68944723（其他图书服务热线）
网　　址 /	http://www.bitpress.com.cn
经　　销 /	全国各地新华书店
印　　刷 /	天津久佳雅创印刷有限公司
开　　本 /	787毫米×1092毫米　1/16
印　　张 /	12
字　　数 /	254千字
版　　次 /	2021年6月第1版　2021年12月第2次印刷
定　　价 /	39.00元

责任编辑 /	封　雪
文案编辑 /	毛慧佳
责任校对 /	刘亚男
责任印制 /	边心超

图书出现印装质量问题，请拨打售后服务热线，本社负责调换

前言

当前，我国民航业持续快速发展，国内外竞争日益激烈，旅客对服务质量的要求越来越高，若要提供优质的服务，就要了解旅客的心理，满足旅客的需要。民航业的发展需要加快民航专业人才的培养，需要大量道德高尚、素质优良、专业过硬的民航服务人才。

空乘人员每天和不同的旅客打交道，不同的旅客有不同的特点和不同的需要，因此要把握旅客的心理，提供准确、高效、符合旅客需要的服务，这就要求空乘人员除掌握专业知识和技能外，还必须具备一定的心理学知识。同时，民航服务的特殊性也要求空乘人员具备良好的心理素质。

本书主要介绍民航服务过程中旅客和空乘人员的心理规律及行为，其中包括旅客的需要、感知觉、个性、情绪、情感、态度等，并在此基础上介绍如何与旅客进行人际交往，对空乘人员如何应对挫折、缓解工作压力等自身心理健康管理也进行了引导。全书注重实用性和实训性，在介绍理论知识的基础上提供了大量的民航服务实际案例供借鉴和参考。

本书创新了章节体例，采用"项目课程""任务驱动教学"的结构设计，以学生为本，体现学生在课堂教学中的主体作用；引入"目标导引—问题导向—案例导入"的"三导教学法"，即教师在导出每节课的学习目标后，提出一个现实问题引起学生的兴趣，并通过主题讨论的形式解答问题，在教学过程中引入相关案例，引发学生的思考。项目最后，通过项目小结引导学生对所学知识进行巩固、拓展和应用，并通过思考与练习来检验学生对所学知识的掌握情况。

本课程偏重理论知识，教学过程中应尽可能理论联系实际。首先，注意联系学生心理活动实际，让学生可以通过自身心理活动去理解书本上的心理学原理；其次，联系服务工作的实际，将抽象变为具体，使学生更易掌握书中的原理。教学中注意循序渐进，让学生逐步掌握知识体系。

学生可以先学习民航服务专业类的基础概论等先修课程，然后学习本课程。通过本门课程的学习，学生可将心理学知识运用到其他专业课程的学习中。

本书由巫英慧、孙媛媛担任主编，主要负责编写大纲、规定编写要求与全书内容的充实、修改与统稿，由胡茜、郭冉冉担任副主编，主要参加了编写大纲的拟定与部分书稿的修改；王爱鸟、刘莹、韩冰洁参编，负责部分项目的编写工作；具体编写分工如下：项目一、二、三由巫英慧编写，项目四、五由巫英慧、孙媛媛共同编写，项目六、七由孙媛媛编写，项目八由郭冉冉编写，项目九由胡茜编写，项目十由胡茜、郭冉冉共同编写，项目十一由王爱鸟、刘莹共同编写，项目十二由孙媛媛、韩冰洁共同编写，最后由巫英慧负责全书统稿。

在编写过程中，山东协和学院学生李娜、常媛和山东轻工职业学院学生刘玉洁做了许多辅助工作，在此一并表示感谢！

本书编写过程中参阅了许多相关书籍、文献资料和相关案例，并借鉴了许多学者、行业专家及同行的著作和研究成果，在此表示衷心的感谢！由于编者水平有限，本书尚存不足之处，恳请各位读者不吝指教。

编　者

目　录

模块一　走进"心"世界——认识民航服务心理
001

项目一　心理学概述 003
　任务一　心理概述 006
　　一、心理的概念 006
　　二、心理的本质 006
　　三、心理的物质基础 007
　任务二　心理活动的内容 007
　　一、心理学的定义 007
　　二、心理活动的内容 007

项目二　民航服务心理学 011
　任务一　民航服务心理学概述 013
　　一、民航服务心理学的概念 013
　　二、民航服务心理学的研究对象 013
　任务二　民航服务心理学的研究意义
　　　　　及研究方法 014
　　一、民航服务心理学的研究意义 014
　　二、民航服务心理学的研究方法 014

模块二　从"心"开始——民航服务中的个体心理因素
019

项目三　旅客的感知觉 021
　任务一　感知觉概述 024
　　一、感觉 024
　　二、知觉 025
　任务二　旅客感知的影响因素 031
　　一、影响旅客感知的客观因素 032
　　二、影响旅客感知的主观因素 033
　任务三　旅客的社会知觉 033
　　一、对他人的知觉 033
　　二、人际知觉 035
　　三、自我知觉 035
　　四、影响社会知觉的因素 036

项目四　旅客的需要和动机 043

任务一　需要概述 047
一、需要的基本概念 047
二、需要的特征 048
三、马斯洛需要层次理论 049

任务二　动机概述 050
一、动机的概念 050
二、动机的种类 051

任务三　旅客需要与民航服务工作 052
一、旅客的一般需要 052
二、民航特殊旅客的服务需要 053

项目五　民航服务中的个性分析 059

任务一　个性的形成 062
一、个性的概念 062
二、个性的基本特征 062
三、个性的心理结构 063

任务二　气质与性格 065
一、气质的概念与类型 065
二、性格的概念与特征 070
三、性格与气质 071

任务三　旅客个性特征与服务策略 072
一、旅客气质差异与服务 072
二、旅客性格差异与服务 073

项目六　旅客的情绪和情感 077

任务一　情绪和情感的一般知识 079
一、情绪和情感的概念及构成 079
二、情绪和情感的分类 080
三、情绪和情感的基本特征 081
四、情绪和情感的功能 083

任务二　情绪和情感与民航服务工作 087
一、旅客情绪的表现类型 087
二、旅客情绪和情感的影响因素 088
三、旅客的情绪和情感对其心理与行为的影响 089
四、旅客不良情绪的调控 091

项目七 旅客的态度 097
任务一 态度概述 100
一、态度的含义及其构成 100
二、态度的作用与特点 101
任务二 态度与行为的关系 103
一、态度与行为一致 103
二、态度与行为不一致 103
任务三 民航服务中态度的形成与改变 105
一、态度的形成 105
二、影响态度改变的因素 107
三、改变旅客态度的策略 109

模块三
用"心"服务——民航服务中的外部环境因素
115

项目八 民航服务中的社会因素 117
任务一 社会群体概述 119
一、认识群体 119
二、群体的分类 120
任务二 民航群体心理分析 121
一、旅客的群体意识、群体心理、群体情绪和群体行为 121
二、民航服务过程中旅客群体对服务工作的影响 124
三、群体理论对服务工作的意义 125

项目九 民航服务中的人际关系 131
任务一 民航服务中人际交往的心理状态 133
一、民航服务客我交往的概念 133
二、客我交往的心理状态 133
任务二 民航服务中人际交往的原则 134
一、客我交往的原则 134
二、处理客我关系的分寸 135
三、服务中发生冲突的处理原则 136
任务三 影响民航服务中人际交往的因素 137
一、人际交往的影响因素 137
二、影响民航服务中人际交往的因素 138

项目十 民航售后服务心理 143
任务一 旅客投诉心理 146
一、引起旅客投诉的原因 146

　　二、旅客投诉的一般心理 147
　任务二　如何正确处理旅客投诉 148
　　一、理解和接纳旅客投诉 148
　　二、认清旅客投诉和抱怨的意义 148
　　三、对旅客投诉的处理 149

项目十一　民航员工心理健康管理 155
　任务一　心理健康概述 157
　　一、心理健康的定义 157
　　二、心理健康的特征 158
　　三、影响心理健康的因素 161
　任务二　如何做一个心理健康的人 162
　　一、对心理疾病应有的认识 162
　　二、如何提高心理健康水平 163

项目十二　空乘人员心理素质的培养和提升 169
　任务一　空乘人员的职业心理素质 172
　　一、心理素质的含义 172
　　二、心理素质的影响 172
　　三、空乘人员提高心理素质的策略 174
　任务二　空乘人员的能力要求 175
　　一、观察能力 175
　　二、记忆能力 176
　　三、自控能力 176
　　四、应变能力 177
　　五、语言表达能力 177
　任务三　空乘人员的意志力培养 177
　　一、意志力的概念 177
　　二、认识意志力培养的意义 178
　　三、意志力培养的方法 178

参考文献 183

模块四
我"心"我做主——空乘人员的心理保健

153

模块一

走进"心"世界
——认识民航服务心理

微课：心理学概述

项目一　心理学概述

通过本项目的学习，了解心理学的常识，熟悉心理的本质，掌握心理活动的内容。

通过本项目的学习，能够透过现象分析个体的心理活动。

通过本项目的学习，能够提高对心理学基本常识的认知，并能将心理学知识运用到今后的学习和工作中。

认识自己。

健康生活　快乐工作

首都机场股份有限公司（以下简称"公司"）于 2002 年开始搭建职业健康安全管理体系，并于 2004 年通过认证。其员工编写了"职业安全知识系列教材"，积极开展"职业安全健康有奖问答"活动，并借助网络、内刊等多种载体，大力开展职业安全方面的宣传。

公司每年都会组织员工参加专项职业安全健康体检，针对体检反映出的职业健康危害倾向制定相应的改进措施，并及时跟进落实。从 2007 年开始，公司全面推行职业健康安全危险源辨识再梳理工作，梳理出公司现有健康安全危险源 17 类，作业安全危险源 15 类，并公开发布了整改措施，深入一线检查了整改措施的落实情况。2007 年夏天，公司工会为一些外场工作人员配备了车载冰箱，为值班室配备了空调，使生产一线员工的职业健康和劳动保护不断完善。公司还建立了劳动监督组织管理体系，成立了两级监督组织，同时制定了劳动监督的相关工作制度和职责。

针对员工的心理健康状况，公司以"健康生活，快乐工作，共创和谐安全氛围"为主题，启动了员工心理健康支援项目。在飞行区管理部和运行监控指挥中心，通过开展心理访谈、调查问卷、心理健康知识讲座、心理健康训练营等形式，实现了普及心理健康知识的目的。互动式的体验指导使员工学会了心理减压技巧，体会到了公司对自己身心健康的关怀，有效缓解了在工作中产生的消极情绪，提高了归属感和工作满意度。

公司积极开展健康向上的文体活动，努力提升员工的快乐指数。按照"工会拨一点，会员掏一点"的原则，公司工会先后组建了垂钓、摄影采风、健身、户外运动等8个兴趣小组，制定了相关章程和会员管理办法，并根据计划定期开展活动，活动范围覆盖大部分员工。每年春季，公司工会都会举办不同形式的活动，如长跑、登山、跳绳比赛和趣味运动会等，向员工传递"我运动，我健康，我快乐"的理念。每年秋季，公司都会举办篮球赛，至今已连续举办了7届。公司团委积极发展内部志愿者，开展植树拓展、捐资助学、关爱临终老人等公益活动，在引导员工奉献爱心、帮扶弱者的同时，也激发了员工的社会责任感和使命感，促进了员工之间的情感交流。

【案例思考】

1. 为什么航空公司要关爱员工的心理健康？
2. 为什么学习和研究民航服务心理学有助于航空公司的生存和发展？

任务一　心理概述

一、心理的概念

心理是人脑对客观现实的主观反映。它是宇宙中最复杂的现象之一，从古至今为人们所关注。

二、心理的本质

辩证唯物主义认为，人的心理的实质：心理是人脑的机能，是对客观现实的反映。

（1）心理是人脑的机能（图1-1）。脑比心脏更重要。中国人早在16世纪就认识到这一点了，而西方直至19世纪初才认识到。真正用科学方法鉴定出人脑是心理的器官，是以1861年法国医生布洛卡通过对失语症患者的尸体解剖，在大脑左半球发现言语中枢为标志的。

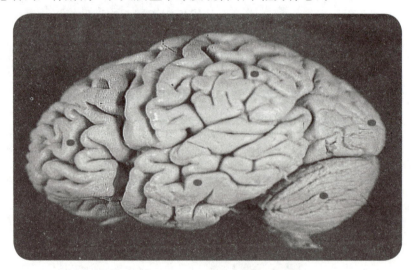

▲ 图1-1　心理是人脑的机能

（2）心理是对客观现实的反映。如果没有客观现实作用于人脑，人脑自身不能单独产生心理活动，所以，客观现实是心理的源泉。人脑对客观现实的反映不是机械、被动的反映，而是一种主观能动的反映。

三、心理的物质基础

心理生理学观点强调，心理的实质是人脑的机能。人类心理活动的物质基础是大脑皮层。

心理现象都有一定的生物学基础。人的机体是一个整体，人脑是其中的一个组成部分，是心理活动的主要器官。无脑的或患有脑缺陷的婴儿不能发展或不能健全发展心理，但人脑的活动是与机体其他部分的活动相互协调、不可分割的。心理活动还与体液有关。同时，人认识世界还有赖于内外感受器官的特异传入神经冲动。人脑要保持工作状态也有赖于非特异的传入神经冲动。丧失了大多数外围感官的人会长期陷于睡眠状态。人通过实践活动，不仅认识客观世界，还改变客观世界，而心理就是人对客观现实的主观能动反映或反应。人能作用于周围环境，就是以其主观见之于客观的行动过程。这个过程实现的一个前提是心理过程，如思维、意向等内部心理变化，通过肌肉活动影响客观环境，表现出来的行动就是发声、表情、动作，特别是人手的动作等。人体机体某一部分功能的丧失将导致心理相应变化的发生，如后天聋者渐次变哑。由此可见，心理的物质基础使人的整个机体更合乎逻辑。

任务二　心理活动的内容

一、心理学的定义

每个人都会有关于自己的好奇和思考，如我为什么会想事情？为什么会有喜怒哀乐？为什么自己的性格和别人不一样？心理学就是人们认识自己和了解别人的一门学问。

心理学是研究人的心理活动及其规律的科学。

二、心理活动的内容

通常所说的人的心理活动就是指人的心理过程和个性心理两个方面。它们是密切联系、不可分割的。个性心理是在各种心理过程中形成和发展的，并且要通过心理过程才能表现出来，如人的只有在认识某种事物的过程中，才能表现出认识能力的高与低。反过来，已经形成的个性心理也会影响人的心理过程，如能力、性格都直接影响人们认识事物的效率和深度。

读书笔记

1. 心理过程

心理过程是人的心理活动的一个方面，包括认识过程、情感过程和意志过程。

（1）认识过程。人们若要了解世界，就要通过眼、耳、口、鼻和皮肤等感官去接触事物，进行感觉与知觉。人们对接触过的事物会产生记忆，于是当它们再次出现时，就能够认出来。例如，当你听到一段熟悉的旋律，就知道是那首曲子，还能跟着节奏哼唱起来。如果想更深刻地认识某种事情，就要进一步进行研究、分析和归纳，这就是思维。人们根据现实存在的现象和规律，通过想象对未知世界进行探索和创造。以上所提到的感觉、知觉、记忆、思维和想象等都是对客观事物理解、认识的过程，都属于认识过程。

（2）情感过程。人在接触、认识客观事物的过程中，也认识到外界事物与个体的利害关系，即它们是否与个体的兴趣、需要相一致，从而产生对客观事物的态度，产生喜、怒、哀、乐、爱、恶等各种各样的体验。例如，对某人喜欢或者厌恶，对某事恐惧或愤怒；听到好消息感到愉快，听到不幸的消息感到悲伤等。这些对客观事物的态度体验都有发生、发展变化的过程，属于情感过程。

（3）意志过程。在认识事物的过程中，人会遇到不利的条件并发生某些困难，但通常并不肯屈服，而是想方设法战胜困难，达到自己预定的目的。这种想办法克服一定困难，坚持达到预定目的的心理过程叫作意志过程。

认识过程、情感过程、意志过程并非彼此孤立，它们在人们的心理活动中作为一个统一的整体表现出来，并相互紧密地联系在一起。

2. 个性心理

个性心理是人的心理活动的另一个方面，包括个性心理特征和个性心理倾向性。

（1）个性心理特征。人们在处理各种事物的过程中，会表现出各自不同的心理特征。古语有云："人心不同，各如其面"，即人的心理特征犹如人的相貌一样千差万别。在日常生活中，人们从事各种活动时，有人善于概括，有人长于分析，有人记忆力好，有人具有丰富的想象力等。这都是表现在能力方面的特征。在活动和交际中，有人精力充沛，动作迅猛；有人行动迟缓，动作无力；有人锋芒毕露，暴跳如雷；有人喜怒哀乐不形于色，只是沉湎于深刻的内心体验之中。这些差异属于气质方面的特征。在为人处世方面，有人勤奋，有人懒惰；有人胆大妄为，有人胆小怕事；有人虚怀若谷，有人目空一切。这些都是表现在性格方面的特征。这些表现在人的能力、气质和性格等方面的特征称为个性心理特征。

（2）个性心理倾向性。人们在旅游接待工作中常遇到旅游者有不同的个性倾向，如有的旅游者在这方面有需要，而其他旅游者有别方面的需要求，表现出人们在需要方面的差异；同样到中国旅行，这位旅游者出于这种原因，那位旅游者出于另一种原因，这是动机的差异；这位旅游者对这方面事物有兴趣，那位旅游者对那方面事物有兴趣，这是兴趣的差异。人的需要、兴趣、动机等方面反映了其个性心理倾向性。

拓展阅读

心理学趣闻

有朋友说："学心理学的人能看人的心理，知道别人心里想什么，好厉害！"这些说法把心理学神化了。其实，心理学就是一门研究人的心理活动规律的科学。人的心理活动包括外显的行为和内隐的心理历程。心理学家只是在尽可能地按照科学的方法，间接地观察、研究或思考人的心理过程（包括感觉、知觉、注意、记忆、思维、想象和言语等过程）是怎样的，人与人有什么区别，为什么会有这样和那样的不同，即人的人格或个性，包括需要与动机、能力、气质、性格和自我意识等，从而得出适用人类的、一般性的规律，继而运用这些规律，更好地为人类的生产和实践服务。

心理学研究的范围很广，除人的外显的行为和内隐的心理历程外，还包括部分生理过程，如神经系统、脑机制和内分泌。

心理学也研究动物心理，研究动物心理的主要目的是深层次地了解、预测人心理的发生、发展的规律。

小故事

"狼孩"卡玛拉

印度的"狼孩"卡玛拉在1920年被人们发现时约8岁（图1-2）。由于长期与狼群生活在一起，她养成的完全是狼的习性：用四肢爬行，怕光，夜间活动，吃生肉，不会讲话，只会像狼一样嚎叫，没有抽象逻辑思维，对人有敌意。经过2年的学习训练才可以站立，4年才学会6个单词。她临死前（17岁），仅有相当于3～4岁儿童的心理发展水平。

思考：为什么卡玛拉不能像正常人一样生活与学习呢？

▲ 图1-2 "狼孩"卡玛拉

项目小结

1. 心理是人脑的机能，是对客观现实的反映。
2. 心理学是研究人的心理活动及其规律的科学。
3. 心理活动就是指人的心理过程和个性心理两个方面。
4. 心理过程是人的心理活动的一个方面，包括认识过程、情感过程和意志过程。
5. 个性心理是人的心理活动的另一个方面，包括个性心理特征和个性心理倾向性两个部分。

思考与练习

1. 什么是心理学？
2. 心理活动的内容有哪些？
3. 你能理解心理的实质吗？请分别列出生活中的实例来说明。

微课：民航服务心理学

项目二　民航服务心理学

知识目标　通过本项目的学习，了解民航服务心理学的研究对象，熟悉民航服务心理学的研究方法，掌握民航服务心理学的研究意义。

能力目标　通过本项目的学习，能够明白心理学知识运用于民航服务的重要意义。

素质目标　通过本项目的学习，加强学生对民航服务心理学的科学认识，培养学生对民航服务心理学的兴趣，引导学生关注、思考民航服务过程中可能遇到的各种问题。

问题导向　坐飞机旅行时，你希望得到什么样的服务？

旅客为什么不满意

旅客登机后向乘务员表示自己需要睡觉,不需要用餐,不要来打扰。提供饮品时,空乘人员将冰块掉到旅客胳膊上,旅客醒来,觉得乘务员不小心,未介意。随后,空乘人员推餐车时撞到旅客座椅扶手,旅客被惊醒,空乘人员询问旅客"你吃不吃饭",但未就碰撞问题致歉,旅客感觉空乘人员的询问像在打发自己。随后,因后排旅客就餐需要前排将座椅调直,空乘人员将该旅客拍醒,旅客认为此方式不妥,应轻声叫醒自己。旅客表示希望乘务长过来处理,空乘人员打电话通知乘务长,通话时声音很大,旅客听到"我叫她吃饭也不吃"等言语,之后空乘人员端来一盘东西对旅客说"来来来,吃点东西",旅客更加不满。

【案例思考】

1. 旅客有哪些地方不满意?

2. 为进一步提高服务水平,空乘人员应该怎样调整自己的行为?

任务一　民航服务心理学概述

一、民航服务心理学的概念

民航服务心理学是研究航空服务过程中作为主体的空乘人员和作为客体的旅客的个体、群体和组织的心理现象及其变化规律的科学,是将心理学规律应用在航空服务过程中的一门学科。

二、民航服务心理学的研究对象

民航服务心理学既要研究旅客的服务需要、动机、情绪、情感、社会文化等相关的心理活动特点和规律,又要研究空乘人员的态度、需要、动机、人际关系等心理活动特点和规律。其研究对象具体来说包括以下三个方面:

（1）旅客心理。旅客作为消费者,总是按照兴趣、意图与偏好购买和选择自己所需要的产品和服务,其心理特点、心理需要影响着民航企业的决策和服务导向。对于民航企业和空乘人员而言,只有了解旅客的心理规律,才能正确理解并预测旅客的行为,更好地为他们提供服务。民航服务心理学通过研究旅客的需要、知觉、个性差异、情绪、情感、态度等,了解心理因素对其消费行为的产生、决策的作用及接受服务对其心理效果的影响。

（2）空乘人员心理。空乘人员在为旅客服务的过程中要尽量满足其合理需要,同时,还要按照行业、企业及自身的原则、规范行事。因此,空乘人员的心理素质非常重要,它对于飞行安全、旅客安全和服务质量都有非常重要的影响。除此之外,空乘人员的服务技能和技巧也是民航服务工作中的关键部分。因此,民航服务心理学研究空乘人员与旅客沟通的方法与技巧、为不同类型旅客服务的方法与技巧、处理各种难题及突发事件的方法与技巧,以及空乘人员提高心理素质、维护心理健康的途径与方法。

（3）民航服务管理心理。民航服务质量、服务水平与科学管理的水平有关。研究管理者的行为及应具有的品质,研究空乘人员的需要、工作动机,调动其积极性等问题也是十分重要的任务。

读书笔记

任务二 民航服务心理学的研究意义及研究方法

一、民航服务心理学的研究意义

1. 研究民航服务心理学有利于民航企业更好地生存和发展

民航企业若要生存、发展，必须对市场进行科学的预测，及时地调整企业经营方针，改善企业经营措施和企业经营策略，只有这样才能吸引更多的旅客，保持充足的客源。民航服务心理学研究空乘人员的心理和行为规律，为企业提高服务质量和改善管理方法提供了有力支持。同时，民航服务心理学研究旅客的心理和行为规律，可以帮助企业运用心理学的原理去分析旅客的心理和行为趋向，从而针对旅客的心理和行为特点开展有效的宣传，制定更合理的经营措施。

2. 研究民航服务心理学有利于提高航空服务质量

民航服务心理学研究人的心理和行为规律，能够促进民航业的发展，为航空公司吸引更多旅客提供重要的心理依据。作为服务性行业，服务质量的优劣主要取决于空乘人员的服务态度和服务技能。良好的服务态度是提高服务质量的基础，高超的服务技能是实现高质量服务的保证，这些都与空乘人员的素质有关。民航服务心理学研究的空乘人员心理和行为规律对提高和优化空乘人员的外在素质和心理素质具有重要作用。

3. 研究民航服务心理学有利于建设高质量的民航员工队伍

基于服务工作的性质需要，空乘人员的选择、训练和心理素质的提高都需要民航服务心理学的指导。空乘人员掌握了旅客服务心理学的基本理论和相关知识之后，能够更好地认识和了解我，从而找出不足之处，通过各种途径完善自我。另外，通过学习民航服务心理学，空乘人员还能够正确认识自己的服务对象，把握旅客的心理特点，从而提高服务水平。

二、民航服务心理学的研究方法

1. 观察法

观察法是通过被观察者的言语、表情和行为、动作等外部表现了解他们的心理活动的方法。观察法是心理学研究中使用得较广泛的一种方法。

为了使观察富有成效，观察者必须事先制订观察计划、明确观察目的，对所要观察的问题有基本了解。观察时，要尽可能做到严密和客观，善于记录与观察目的有关的事实。另外，观察法还应在自然条件下进行，使被观察者不知道自己是在被观察，否则被观察者的行为表现的自然性就会消失。若有条件，还可以利用照相、录音、录像等手段以增加记录的准确性，取得客观事实，以便于分析和研究。

观察法的优点是保持被观察者心理表现的自然性和客观性，缺点是观察者处于被动地位，只能消极地等待所需要现象的出现；根据观察得到的材料不易进行分析，也不能精确地确定某种心理现象发生的原因。

2．实验法

实验法是指根据研究目的，在接待旅客的过程中，适当控制某些条件，以引起被实验者某种心理活动的变化，从而揭示特定条件与这种心理活动之间的关系的方法。实验法一般可分为实验室实验和现场实验两种类型。

3．调查法

当研究的心理现象不能直接观察时，通过搜集有关资料，间接了解被试的心理活动，这种方法叫作调查法。

调查法的途径和方法是多种多样的，较常用的是谈话法与问卷法两种。谈话法是运用谈话的方式来研究被试心理的调查方法。在谈话前，研究者要根据研究目的和被试的特点，拟订谈话提纲。一般谈话的话题和内容应该是被试能够并乐于回答的，而且能从中分析被试的心理活动。谈话过程应做详细记录或录音，以便于对资料进行分析、整理。问卷法是通过被试填写、回答事先拟订好的表格、问题等形式来研究其心理的一种方法。例如，在客舱中放置预先拟订的服务质量评价的问卷，让旅客填写，然后归纳分析研究客人的心理。

4．经验总结法

经验总结法是研究者从心理学角度出发，有目的地整理服务工作经验，从中抽取和提炼出所包含的心理规律的一种研究方法。例如，通过对优秀空乘人员的事迹及经验的总结研究分析，归纳出其心理素质的特点。

5．个案研究法

个案研究法是指对某一个体、群体或组织，广泛系统地收集各方面的资料，从而进行系统分析的方法。个案研究法针对性强，对解决特定环境下的具体问题颇有帮助。但由于个案研究法过于具体，普遍性较差，其结论不宜随意推广。

以上研究方法各有优缺点，选择哪种研究方法，不仅取决于人力、时间、信息来源等，还取决于研究的目的和性质。

拓展阅读

民航热线销售——从掌握客户心理开始

"五星钻石销售服务热线95539"是中国南方航空集团有限公司(以下简称"南航")对外宣称的品牌,致电95539预订机票,已成为众多新老客户的习惯。而作为95539的客服人员,要想在电话中吸引更多的客户购买南航的机票,从而为公司创造利益,关键要从掌握客户心理开始。

所谓"言为心声",其实声音是人的另一种表情。通过客户说话声音的大小、语速的快慢、语气及话音等,客服人员应可分析出其内心的真实意图,从而达到向其销售的目的。

1. 从口头禅分析客户心理

如喜欢说"差不多吧""随便""无所谓"的客户往往是随和的人,他们的目标不明确。所以,对待这一类型的客户,客服人员就要肯定他们的眼光和选择,提升他们的自信度,这样就会使客户开始肯定自己的选择,而客服人员也容易赢得客户的好感。又如,有些客户喜欢说"别人都说××航空公司的票价怎样",这一类型的客户明显表现出自信心不足。因此,客服人员要鼓励他们坚定自己的选择,各个航空公司提供的服务有所不同,如可向其介绍飞机上丰富的餐食,或者向其推荐加入俱乐部的好处等。

2. 从语气、语速的变化分析客户心理

在通话过程中,客服人员不但要从客户说话的内容中洞悉客户的心理,还需要注意说话的语气与语速的变化,因为客户说话的语气与语速中也可能暗含着他们某种真实的目的和意图。只有从细微处发现别人发现不了的客户心理,才能抓住别人抓不到的商机。

例如,在通话过程中,客服人员为客户订完航班,再次核对乘机信息时,客户听到起飞时间比平时迟了1小时。突然间,客户的说话声音变得很大,而且语速明显加快,而出现这一变化的目的,要么想控制谈论的局面,想在声势上压倒客服人员;要么想用这种手段说服客服人员帮他变更航班。客户使用这种方法的结果很可能让一些胆小的客服人员就此屈服,或者半途而废。作为优秀的客服人员知道应付这种局面的最好办法就是以柔克刚,可以先耐心地让客户讲出自己的观点、建议及想法,然后用甜美的声音充分发挥亲和力优势,对其进行委婉、合理、真诚的解释,或者积极做好补救工作。

 **项目小结**

    1. 民航服务心理学是研究航空服务过程中作为主体的空乘人员和作为客体的旅客的个体、群体和组织的心理现象及其变化规律的科学,是将心理学规律应用在航空服务过程中的一门学科。

    2. 民航服务心理学的研究对象包括旅客心理、空乘人员心理、民航服务管理心理。

    3. 民航服务心理学的研究意义包括有利于民航企业更好地生存和发展、有利于提高航空服务质量、有利于建设高质量的民航员工队伍。

    4. 民航服务心理学的研究方法包括观察法、实验法、调查法、经验总结法、个案研究法。

思考与练习

    1. 民航服务心理学是研究什么的?
    2. 空乘人员为什么要学习民航服务心理学?
    3. 调查了解人们出行时选择不同种类交通工具(如飞机、火车、汽车、轮船等)的原因,归纳整理后进行汇报(可采用分组的方式)。

模块二

从"心"开始——
民航服务中的个体心理因素

项目三　旅客的感知觉

通过本项目的学习，了解感知觉的含义及特性，熟悉旅客的社会知觉，掌握影响旅客感知觉的客观因素和主观因素。

通过本项目的学习，能够将感知运用于实践对旅客的分析中，达到提高服务质量的目的。

增强学生对旅客知觉的认知和关注。

什么是远方？

案例导入

第一次乘坐飞机的感觉

飞机开始缓慢滑行,偶尔转一个弯,这时候飞机还没有上跑道,前进速度不快,我感觉自己就像一个坐在玩具飞机里面身穿迷彩服的小玩偶,乘着玩具飞机前进。兴奋的感觉充斥我的头脑。这时候,我知道自己是安全的。飞机进入跑道开始提速,而且越来越快,加速时的动力把我狠狠地压在椅背上。最后,飞机头部形成一个向上的角度,高速度的飞机在风力的作用下,开始以相同的角度持续爬升。这时候,我感觉身体像失去重力一样,双腿也飘乎乎没有存在感。我承认,这是害怕引起的错觉。慢慢地,飞机开始平稳飞行,我甩掉头脑里面所有的担心和害怕,开始大着胆子看看窗外的景物。这时候已经看不见太多具体的建筑,只看到脚下群山的地形,间或有一两座房屋一样的建筑。飞机在向上飞行期间,机身偶然有些震动,空乘人员告诉我们飞机遇上了气流,让大家不必紧张。感觉到达一个较高的高度,飞机在薄薄的云上方飞行,看到窗外的蓝天和朵朵白云,仿佛到了另一个世界。之后,飞机开始平稳飞行,一切回归正常。乘务人员开始递送饮料、午餐等。在相当一段时间里,飞机没有丝毫颠簸,和坐在城际列车里的感觉一样,连饮料杯也可以放在前面的小桌板上,不会晃动。

3小时后,飞机开始降落,机身出现剧烈的颠簸,经历了几小时的飞行,我已经慢慢适应这种情况。接下来,飞机开始

项目三 旅客的感知觉

缓慢滑行,最后慢慢停下。在回归大地母亲怀抱的那一刻,我的心也终于完全安静下来。

【案例思考】

1. 案例中体现出的旅客乘坐飞机出行时的感受是什么?
2. 旅客有哪些方面的知觉?这些知觉的特性有哪些?

任务一 感知觉概述

一、感觉

1. 感觉的概念

感觉是人脑对直接作用于感觉器官的客观事物的个别属性的反映。感觉可以反映客观事物的各种属性，如榴莲的表皮带刺、气味浓烈、肉色淡黄、果肉酥软等，这些属性作用于人的眼、鼻、舌等感觉器官时，就产生了视觉、嗅觉、味觉等各种感觉。另外，感觉还可以反映人体内的状况和变化，如我们感觉身体的疲惫、饥饿、饱胀等。

微课：感知觉概述

2. 感觉的分类

客观事物各种不同的属性作用于人的感觉器官，使人产生了不同的感觉。根据感觉反映事物个别属性的特点，可以将其分为两大类，即外部感觉和内部感觉。外部感觉是指接受外部刺激，反映外界事物个别属性的感觉，包括视觉、听觉、味觉、嗅觉和触觉（图3-1）。内部感觉是指接受体内刺激，反映身体的位置、运动和内部器官不同状态的感觉，包括平衡觉、运动觉和机体觉等。

▲ 图3-1 外部感觉

3. 感觉的特性

（1）感觉的感受性。感觉的感受性是指感觉器官对刺激物的主观感受能力。感受性受到人的机体状态的明显影响，不是所有的刺激都能引起主体的反应，其只有在一定的适宜刺激强度和范围内，才能产生感觉。这就涉及感受性和感觉阈限的问题。感觉阈限是指能够引起感觉并持续一定时间的刺激量，如一定强度和时间的光亮、色彩、声音等。消费者感受性的强弱取决于消费刺激物的感觉阈限值高低。一般来说，感觉阈限值越低，感受性越大；感觉阈限值越高，感受性越小，两者成反比。

心理学上将那种能够引起感觉的最小刺激量称为绝对感觉阈限。对绝对感觉阈限或最小刺激量的察觉能力，就是绝对感受性。能够引起两个同类性质刺激物的最小差异量，称为差别感觉阈限。人们感觉最小差别量的能力，即差别感受性。

（2）感觉的适应性。感觉的适应性是指刺激物持续作用时间延长使得感受性发生变化的现象。适应性是一种普遍的感觉现象。它既可以提高感受性也可以降低感受性。"入芝兰之室，久而不闻其香；入鲍鱼之肆，久而不闻其臭"就是感觉适应性的表现，这也是为什么城市居民刚到乡村旅游时会觉得当地的空气格外清新，而当地居民却没有这个感觉的原因。

（3）感觉的联觉性。感觉的联觉性是指一种感觉引起另一种感觉的心理过程，如"望梅止渴"，颜色有冷暖调之分。在飞行过程中，旅客看到窗外的蓝天和白云时，会感到心旷神怡等。这些都是感觉的联觉现象。

（4）感觉的对比性。感觉的对比性是指不同性质的刺激物作用于同一感受器产生相互作用，使感受性发生变化的现象。感知的对比可分为同时对比和先后对比。其中，同时对比是指几个刺激物同时作用于同一感受器而产生的对比。例如，吃了糖之后再吃橘子，会觉得橘子很酸。

二、知觉

1. 知觉的概念

对客观事物的个别属性的认识是知觉。对同一事物的各种感觉的结合，就形成了对这一物体的整体的认识，也就是形成了对这一物体的知觉。知觉是人脑对直接作用于感觉器官的客观事物的整体反映。例如，当当人们抵达云南时，看到如画的美景，听到葫芦丝发出的悦耳声音，感受到多姿多彩的民族风情，头脑中就会产生云南四季如花、民俗风情绚丽多彩的整体形象。

2. 知觉的种类

知觉有很多种。通常，按照知觉所反映的事物的特性不同，可以分为空间知觉、时间知觉、运动知觉；按照知觉所凭借的感觉信息的来源不同，可以分为视知觉、听知觉、嗅知觉、味知觉、触知觉。另外，知觉印象与客观事物不相符合的知觉称为错觉。

3. 知觉的特性

（1）知觉的选择性。当人们面对众多的客体时，常常优先知觉部分客体，这就是知觉的选择性。被清楚地知觉到的客体称为对象，未被清楚地知觉到的客体称为背景。影响知觉选择性的因素很多。从客观方面来说，与背景差别较大的、活动的、新颖的刺激容易被选择为知觉的对象。从主观方面来说，与个体当前的任务有关、能满足个体需要、符合个体兴趣、个体对其有丰富经验的刺激，容易被选择为知觉的对象。

下面的 3 幅图在心理学上被称为"两可图"。所谓"两可"就是既可以看成这样，也可以看成那样，究竟被看成什么，取决于观看者将目光集中在不同的部位，或以什么作为知觉对象，以什么作为知觉背景，也就是和人的知觉选择性有关。例如，图 3-2 既可以看成少女，也可以看成老妇。观察图 3-3，换个角度，青蛙也许就是白马。观察图 3-4，既可以看成花瓶，也可以看成两个侧面的人头像。

▲ 图 3-2 少女还是老妇？

▲ 图 3-3 青蛙还是白马？

▲ 图 3-4　花瓶还是侧影？

（2）知觉的整体性。知觉主体把客观对象的部分属性知觉为一个统一的刺激情景，产生对这一刺激物的整体印象，这就是知觉的整体性。当人们在知觉熟悉的事物时，只要抓住事物的主要特征，就可以根据已有的经验对它进行识别，从而把它作为一个整体来进行反映；当人们在知觉不熟悉的事物时，知觉就更多地以感知对象的特点为转移，将它组织成具有一定结构的整体。图 3-5 所示为部分对整体的依赖关系。

▲ 图 3-5　中间是 13 还是 B？

知觉的整体性应遵循以下 4 种基本原则：

1）接近原则。接近原则是指在空间、时间、距离上接近的物体容易被知觉组织在一起，如图 3-6 所示。

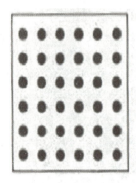 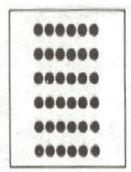 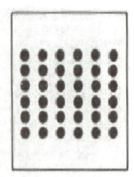

▲ 图 3-6 接近原则

2）相似性原则。相似性原则是指凡物理属性（颜色、大小、形状等）相似的物体容易被组织在一起，如图 3-7 所示。

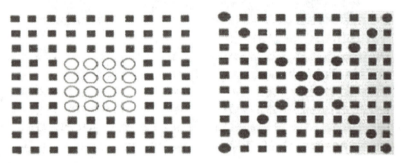

▲ 图 3-7 相似性原则

3）封闭性原则。封闭性原则是指人们倾向于将缺损的轮廓加以补充使知觉成为一个完整的封闭图形。如图 3-8 所示，你看到中间白色的正三角形了吗？

▲ 图 3-8 封闭性原则

4）连续性原则。连续性原则是指凡具有连续性或共同运动方向的刺激物容易被看成一个整体，如图 3-9 所示。

▲ 图 3-9　连续性原则

（3）知觉的理解性。人在知觉过程中，总是力图赋予知觉对象一定的意义，这就是知觉的理解性。当一个知觉对象出现在我们面前时，我们总倾向于运用已有的知识经验来理解这个对象，将它归于经验中的某一类事物。可见，在知觉过程中有思维活动的参与。同时，语言在知觉的过程中起着一定的指导作用。当我们赋予知觉对象一定的意义时，往往需要用词来标志它；而且，当知觉对象的外部标志不太明显时，语言就会帮助我们迅速利用已有经验弥补感觉信息的不足。例如，图 3-10 中的斑点是什么并不明确，如果告诉你这是一条狗，狗的图形会立即成为你的知觉对象，你会觉得这确实像一条狗。

▲ 图 3-10　你觉得这仅仅是一些斑点吗？

（4）知觉的恒常性。当知觉的条件在一定范围内发生变化时，知觉的印象仍然保持相对不变（无论是形状、大小、颜色还是明度等，如图3-11～图3-14所示），这就是知觉的恒常性。例如，一个熟悉的机场，不会因为它离我们远而把它知觉为一间房屋。通常，人们对物体的形状、大小、颜色、亮度的知觉均表现出恒常性。个体的经验是保持知觉恒常性的基本条件，儿童由于经验不足，对不熟悉的事物的知觉常随条件的变化而变化。同时，知觉的恒常性在一定程度上依赖于参照物，若离开参照物，恒常性就会减少甚至消失。当然，知觉的恒常性是有限度的，如果知觉条件变化太大，则不会有恒常性。

▲ 图 3-11　形状恒常

▲ 图 3-12　大小恒常

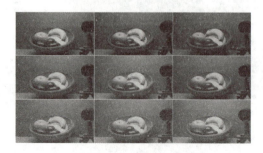

▲ 图 3-13　颜色恒常

▲ 图3-14 明度恒常

感觉与知觉都属于认知过程的感知阶段，是对事物的直接反映。两者联系密切，感觉是知觉产生的基础，知觉是以感觉为前提。没有反映客观事物个别属性的感觉，就不可能有反映客观事物整体的知觉；知觉是感觉的深入和发展，是高于感觉的心理活动。但两者又有区别，感觉和知觉是不同的心理过程，感觉反映的是事物的个别属性，知觉反映的是事物的整体，即事物的各种不同属性、各个部分及其相互关系；感觉源于感觉器官的生理活动，即客观刺激的物理特性，知觉则在很大程度上依赖于个体的知识经验和心理特点，如需要、动机、情绪等，见表3-1。

表3-1 感觉与知觉的关系

感知阶段	相同	区别	联系
感觉	人脑对客观事物的直接反映	反映事物的个别属性，更客观	感觉是知觉的基础；知觉是各种感觉的有机组合
知觉		反映事物的整体属性，更主观	

任务二　旅客感知的影响因素

感知过程贯穿民航服务的始终。旅客在乘机过程中会受到各种外界信息的反复刺激，对整体过程产生初步的、不完整的感知；而在民航服务过程中，其对民航服务刺激物的感知过程，必然会受到刺激物本身，即刺激情境及个人心理因素的影响以及其他条件的相应感受，这些会促使旅客形成实际的感知；待民航服务结束时，再做出有关服务过程的评价。感知过程从某种意义上说明了旅客的感知受到客观因素与主观因素的双重影响。

一、影响旅客感知的客观因素

客观因素是指知觉主体心理以外的因素。影响旅客感知的客观因素包括旅客的生理条件、知觉对象的特征、感知对象的背景、他人的提示。

1. 旅客的生理条件

旅客知觉的产生依赖于旅客的各种感觉器官的生理功能去接受各种旅途刺激信息。由于生理条件不同，旅客的知觉必不相同。旅客的感觉器官若有缺失，其产生的旅途知觉也不完整。比如，失明者在民航服务中难以产生鲜明、具体的视觉形象；失聪者难以在民航服务中产生听觉反应。

2. 知觉对象的特征

知觉是由对象引起的，知觉对象的特征影响知觉效果。知觉对象的大小、强度、新颖性、对比性、重复性等都会影响知觉效果，如特别的景观、鲜艳的颜色、醒目的标志、响亮的声音等均容易被人们清晰地知觉。例如，机舱上的安全标志往往以醒目的方式呈现就是为了让旅客容易产生知觉；相反，柔和的光线则可以尽量避免对旅客产生强烈的干扰性的刺激。

3. 感知对象的背景

背景是指人们感知对象之外的事物或环境。一般而言，对象和背景的感知差异越大越容易引起人们的感知。对象是主体，背景是衬托，背景的变化越大，越能显现出对象的光彩，就越容易引人注意。例如，穿着迷彩服的军人在草丛中不易被敌军发现；当穿白衣的人走进黑土地带时，就容易被人看清。

4. 他人的提示

（1）反复出现的对象。重复次数越多就越容易被知觉。旅客多次看到航空公司或机场的广告、宣传资料等，或经常听到它们的情况，这样信息反复出现，多次作用，旅客就会产生较为深刻的知觉映像。

（2）运动变化的对象。在相对静止的背景上，运动变化着的事物容易成为知觉的对象。例如，广告牌中闪烁的航空公司标志、穿着美观的制服在机舱内走动的乘务人员等，都容易引起旅客的注意成为其知觉的对象。

（3）语言提醒。他人的言语指导有助于提高旅客知觉的理解性。它能使旅客迅速了解、理解民航服务，从而加深对民航服务的印象，有助于民航活动的开展。空乘人员对机舱设备的讲解往往可以使旅客对设备的知觉更加清晰明了。

微课：旅客感知的影响因素

二、影响旅客感知的主观因素

主观因素是指知觉主体心理方面的因素。影响旅客感知的主观因素包括旅客的需要与动机、知识与经验、兴趣与爱好、个性与情绪。

1. 需要与动机

需要是人对客观现实的需要的主观反映,而动机是人们为了满足需要而激励着主体采取行动的内隐性意向,两者密切相关。凡是能够满足需要、符合动机的事物,往往容易引起有意注意,成为知觉对象;反之,与需要和动机无关的事物,则易被知觉所忽略。

2. 知识与经验

知觉时人的知识经验如何,直接影响知觉的内容、精确度和速度。经验是从实践活动中得来的知识和技能,它是人们行为的调节器。一般来说,人的知识经验越丰富,对事物知觉得就越迅速、越全面、越深刻。

3. 兴趣与爱好

人们常常会将知觉集中在自己感兴趣或喜爱的事物上,而使其他事物作为背景被排除在知觉之外。比如,对艺术感兴趣的旅客可能会对机场的艺术设计感兴趣,旅游者对旅游信息感兴趣。

4. 个性与情绪

人们的个性特征、气质、性格特征等都会对人们的知觉产生影响,如多血质人群对事物感知速度快,而抑郁质人群对事物观察细微。情绪状态在很大程度上影响着个人的知觉水平。当心情愉快的时候,旅客对民航服务的感知在深度上和广度上都会深刻鲜明;相反,若情绪不好,心情烦躁,旅客的知觉水平就会降低,进而影响其对整体服务的质量评价。

读书笔记

任务三　旅客的社会知觉

社会知觉是对人的知觉,是影响人际关系的建立和活动效果的重要因素,具体包括对他人的知觉、人际知觉和自我知觉。

一、对他人的知觉

对他人的知觉主要是指对他人的外表、言语、动机、性格等的知觉。对他人的正确知觉,是建立正常的人际关系的依据,是有效开展人际交往的首要条件。人际交往中对他人的知觉包括以下几个主要方面:

读书笔记

1. 对表情的知觉

（1）对面部表情的知觉。面部表情是反映一个人内心的态度、情绪和动机等心理活动的基本线索和外在表现形式。可以说，人的面部是人体语言的"稠密区"，在人的情感表达中，面部表情比语言表达更重要、更直接，其可以表现出一个人的情绪和意图等。例如，咬牙切齿表示痛恨，嗤之以鼻表示轻蔑，眉毛上挑、眼睛睁大表示吃惊，长出气表示放心，嘴角下垂为悲哀，嘴角向上为欢乐等。其中，目光的作用是十分巨大的。眼睛的奥妙在于它的"真实性"，它能显示出大脑真实的思维活动。例如，怒目而视表示愤怒，双眼张大表示惊讶，含情脉脉表示倾心等。在民航服务交往中，空乘人员要学会巧妙地运用目光，传递真诚待客的情感。例如，要给对方以亲切感时，应用热情而诚恳的目光；要给对方以稳重感时，则应用平静而诚挚的目光等。同时，面部表情要根据接待对象和说话内容的不同而变化。

（2）对言语表情的知觉。言语表情不仅指言语本身，除它所表达的字面含义外，人们还可以从言语的组织、言语的风格、所用的词句等来体会说话者的学识、修养和文化涵养。同时，作为辅助语言的音量、语调、语速、节奏、停顿及弦外之音等也能反映出个体的性格特征、情绪及内心状态。在民航服务过程中，空乘人员的言语是旅客知觉空乘人员的一个重要途径。空乘人员应注意语气亲切、表达清晰、用词准确、语速适当，让旅客感受到良好的服务意愿。言语同时也是空乘人员了解旅客情绪和性格特征的有效途径。例如，唉声叹气、语调低沉、节奏缓慢说明旅客心情忧郁、情绪不佳；语调高昂、语速轻快说明旅客情绪愉快；言语生硬表示旅客愤怒。

（3）对身段动作表情的知觉。人的体态和动作是表达、交流情感的一个重要标志。例如，点头表示赞同，摇头表示反对，低头表示屈服，垂头表示丧气，挥手表示再见，张开手且手掌向上表示邀请，手舞足蹈、动作轻快表示兴奋，步履沉重、动作缓慢表示悲哀等。空乘人员要善于观察旅客的身段动作表情，推断旅客的需要，恰当地提供服务。

2. 对性格的知觉

性格是一个人对待现实的稳定的态度和与之相应的习惯化了的行为方式，是人的心理差异的重要方面，是个性的核心。它本身看不见、摸不着，需要通过人的言谈举止去推断。例如，性格倔强的旅客一般对服务比较挑剔，甚至坚持己见不易更改；而性格温和的旅客，一般对空乘人员的态度和服务质量要求比较随和。服务人员要善于快速判断旅客的性格特点，洞悉其行为动机，只有用不同方式沟通，才能更好地满足旅客的需要。

微课：旅客的社会知觉

3. 角色知觉

角色是指人在社会上所处的地位、从事的职业、承担的责任及与此有关的一套行为模式，如飞行员、空中乘务员、商人、教师等。

角色知觉主要包括两个方面：一是根据一个人的行为模式推断其所从事的职业或相应的社会角色，如旅客谈吐文雅、学识渊博、细致耐心，可以推断他的职业可能是教师或科研人员一类；而如果看到一位女性旅客对带着的小孩亲切慈祥、关怀备至，可以判断她可能是小孩的母亲。二是根据一个人的社会地位和职业特点来推断他的行为和心理特征，如对工程师这一角色，可以推断他们通常对服务工作要求比较严谨和仔细；而对医生这一角色，则可以推断他们对服务环境、食物等的卫生条件要求较高。

二、人际知觉

人际知觉是指对人与人之间相互关系的认知。它的主要特点是有明显的情感因素参与知觉过程。即人们不仅相互感知，而且彼此之间会形成一定的态度，在这种态度基础上又会导致产生各种各样的情感。例如，对某些人喜爱，对某些人同情，而对另一些人反感等。人际知觉过程中产生的情感取决于多种因素，如人们彼此之间的接近程度、交往频繁程度及相似程度等，都会对人际知觉过程中的情感产生很大影响。一般而言，人们越接近，交往越频繁，相似之处越多，彼此就越容易产生好感。

民航服务中对人际关系的知觉，主要体现于旅客与空乘人员之间的关系。他们之间的人际知觉同样带有情绪色彩。空乘人员与旅客之间接触交往的机会越多，相互产生的知觉就越真实。因此，民航服务的各环节工作人员要尽可能多地与旅客进行语言交流、情感交流和服务手段的交流。同时，在服务过程中，空乘人员应克服自我限制，适当增加与旅客沟通的频率。另外，如果旅客与空乘人员有相似的背景或经历（如同乡、同种族、同爱好等）时，则服务工作会更为顺畅。

三、自我知觉

自我知觉是指一个人通过对自己行为的观察而对自己心理状态的认识。人们不仅在知觉他人时要通过其外部特征来认识其内部的心理状态，还要通过这种方式来认识自己的行为动机、思想意图等。

自我知觉和社会知觉是密切相关的。自我知觉往往是在社会知觉中进行的，而在社会知觉中必然发生自我知觉。在认识别人时认识自己，接受

读书笔记

别人对自己的看法，形成对自己的认识，即"以人为镜"。同时，人们对任何人的认识都是带有主观性的，一个自视甚高的人往往贬低他人，而一个自卑的人又容易过高地估计了他人。因此，若要正确认识他人，应先正确认识自己，即"人贵有自知之明"。

人在形成了正确的自我知觉后，才知道需要怎样做，能够做到哪些，并对自己的行为不断地进行调节，这对每个人来说都是非常重要的；否则，就会造成行为上的盲目性。例如，由于期望过高而采取不适当的行为，或者不能正确判断自己的行为而不能进行自我调节，这不仅会造成个人与社会环境的不协调，而且会给自身带来不良的心理后果。在民航服务交往中，旅客如果缺乏正确的自我知觉，或许会提出不适当的要求，一旦达不到自己的目的，就有可能产生消极心理或过激行为。空乘人员如果缺乏正确的自我知觉，就不能正确看待服务过程中主客双方的关系，容易将自己摆在不适当的位置，难以规范自身的行为。

四、影响社会知觉的因素

影响社会知觉的因素很多。从客观方面看，知觉对象的特征及对象所处的情境是社会知觉的重要信息；从主观方面看，知觉者本身的知识经验、动机需要、个性特征、心理状态是重要的心理条件。

知觉者本身的主观性会产生某些偏差，这些偏差带有普遍规律性，往往难以避免。下面就几个主要心理偏差做介绍。

1. 首因效应

首因效应（图3-15）又称首次效应、优先效应或第一印象效应，是指人与人在第一次交往中给人留下的印象在对方的头脑中形成并占据着主导地位的效应。首因效应告诉我们，人们根据最初获得的信息所形成的印象不易改变，甚至会左右对后来获得的新信息的解释。实验证明，第一印象是难以改变的。其主要是依靠性别、年龄、体态、姿势、谈吐、面部表情、衣着打扮等，判断一个人的内在素养和个性特征。这种印象不可能全面反映一个人的根本面貌，难免有主观性；同时，人总处在不断变化中，不能固化对他人的印象。所以，只有历史地、全面地、发展地看待一个人，才能形成正确的对人的知觉。在民航服务过程中，由于空乘人员与旅客的交往多数为一次性的，所以，服务中的首因效应更为突出和普遍。因此，空乘人员应掌握并重视首因效应的影响，努力以出色的工作表现给旅客留下良好的第一印象；同时，也要避免对旅客采取消极的、不友好的工作态度而使其产生不良的第一印象。

▲ 图 3-15 首因效应

拓展阅读

值机和候机环节的首因效应

在值机过程中，旅客会对民航服务工作形成首因效应，或者对在之前所形成的印象进行调整。值机柜台空乘人员的态度、工作效率，以及对等待值机过程中排队、行李检查等环节都会影响旅客对民航服务的首因效应。旅客通常可能会由于排队值机的时间较长而感到急躁，并对机场服务产生不满，也可能由于行李托运中进行的违禁品检查而感到焦虑或对民航的服务不满，而导致对民航服务工作消极印象的形成。

读书笔记

2. 晕轮效应

晕轮效应（图 3-16）也叫作光圈效应或光环作用，是指在对人的某些品质、特征形成了清晰、鲜明的印象后，掩盖对其余品质、特征的知觉。这种"一俊遮百丑"或"一坏百坏"的看法，是一种以偏概全的主观心理臆测。其错误在于：第一，它容易抓住事物的个别特征，习惯以个别推及一般，就像盲人摸象一样，以点代面；第二，它将并无内在联系的一些个性或外貌特征联系在一起，断言有这种特征必然会有另一种特征；第三，它说好就全都肯定，说坏就全部否定，这是一种受主观偏见支配的绝对化倾向。例如，如果对某航空公司的空乘人员服务特别满意，形成了良好的印象，则飞机设备较为陈旧落后、机上配餐不合口味等问题就容易被旅客忽视，不会产生不快。相反，旅客会因飞机起飞时间延误现象而对这家航空公司产生整体服务和管理水平低下的不良印象。因此，空乘人员应做好各个服务环节，使其产生晕轮效应。

▲ 图 3-16　晕轮效应

小 实 验

晕轮效应实验

苏联心理学家包达列夫曾经做过一个著名实验，以此验证晕轮效应的存在。实验向两组大学生出示同一个人的照片，并告诉第一组被试，照片上的人是一个恶贯满盈的罪犯；告诉第二组被试，照片上的人是一个科学家。结果，第一组被试对该人的评价是：深陷的眼窝表明他心中的仇恨，突出的下巴表示他犯罪到底的决心。第二组被试的评价则完全相反：深陷的眼窝表明他富有智慧，突出的下巴表明他在科学研究道路上不断前进的毅力。

3. 刻板印象

刻板印象是指社会上部分人对某类事物或人物所持的共同的、笼统的、固定的看法和印象。在对外界事物或对人的认知中，人们往往力图找出同一类对象的共同特征，倾向于把人按一定的标准分类。这种分类的标准往往是地域、职业、年龄、性别等。例如，人们会认为法国人浪漫，日本人重礼节；女性软弱，男性坚强；商人精明，医生认真等。刻板印象能够简化人们的认知，尤其是在缺乏直接进行社会认知途径的情况下，它能提供一定的信息，具有一定的意义，但仅靠刻板印象进行认知，就会造成认知的偏差。

刻板印象是人际交往中存在的普遍现象，在民航服务中，它表现为旅客对空乘人员和航空公司的刻板印象。旅客生活在社会的各个阶层中，社会上各种信息对旅客的知觉都有一定的影响，如有些旅客受了社会上不正确的舆论影响，认为航班不能正常起飞，不管什么原因就要跟航空公司闹，只要闹了，航空公司就一定会赔偿等。这是旅客在没有亲身体会或直接经验的基础上形成的刻板印象。

旅客一旦形成刻板印象，就会用这种刻板印象去衡量空乘人员和航空公司，有时甚至会因此影响旅客的行为。对此，空乘人员应有足够的重视，在心理上要有所准备，不要因为某些对旅客错误的刻板印象，而影响自己的情绪和工作质量。

4. 定式效应

心理定式是指在过去经验的影响下，人会产生一种不自觉的心理准备状态。我国古代"疑人偷斧"的典故，就是典型的定式效应。

（1）定式效应在服务过程中表现为旅客对空乘人员知觉时，根据以往的经验或过去掌握的个别现象或特点，形成一定的心理准备或印象，从而产生定式效应。旅客的定式效应可大致分成两类：一类有利于服务，如有些旅客因上次乘飞机的愉快经历，再次乘飞机时就会产生一种心理定式，认为民航的服务好，并采取友好、尊重的态度对待空乘人员；另一类不利于服务，如有些旅客上次乘飞机时感到民航服务不尽人意，再次乘飞机时就有一种心理准备，可能采取敏感、消极的态度，一旦有任何不能满足其需要的情况发生，就立即认定民航服务一直很差。对于旅客的一些不符合客观事实或不利于服务工作的心理定式，空乘人员要有思想准备，积极应对，避免为工作带来障碍。

（2）定式效应表现为空乘人员为旅客服务时心理上的一种准备。它是空乘人员在以往的服务经历中形成的某些经验或看法，并以此进行推论形成的心理准备，是较为普遍的心理现象。空乘人员每天接触大量旅客，久而久之，旅客在空乘人员心中容易形成一种无个性、无差异的统一形象，而空乘人员又不知不觉地用这种无个性的形象去对待千差万别的旅客。

读书笔记

项目小结

1. 感觉是人脑对客观事物个别属性的直接反映。知觉是人脑对客观事物整体的直接反映。

2. 感觉分为两大类，即外部感觉（视觉、听觉、味觉、嗅觉、触觉）和内部感觉（内脏感觉、运动感觉、平衡感觉）。感觉的特性包括感觉的感受性、感觉的适应性、感觉的联觉性、感觉的对比性。

3. 知觉的特性包括知觉的选择性、知觉的整体性、知觉的理解性及知觉的恒常性。

4. 影响旅客感知的客观因素包括旅客的生理条件、知觉对象的特征、感知对象的背景、他人的提示。影响旅客感知的主观因素包括旅客的需要与动机、知识与经验、兴趣与爱好、个性与情绪。

5. 旅客的社会知觉包括他人的知觉、人际知觉和自我知觉。

6. 影响社会知觉的因素有首因效应、晕轮效应、刻板印象、定式效应。

思考与练习

1. 作为一名空乘人员，如何给旅客留下良好的第一印象？

2. 举例说明生活中哪些现象反映了首因效应、晕轮效应、刻板印象和定式效应这四种心理偏差。民航服务中应如何识别和利用这些心理偏差？

3. 根据以下案例，请学生扮演不同的角色——空乘人员、旅客及其他相关人员，活动结束后，由不同的角色来谈谈各自的体会和感受。

某航班因飞机晚到延误1小时。乘务长在直接准备阶段时发现机载手机故障，无法显示高端旅客信息，便告知乘务组成员，如果有旅客提出高端身份要主动提供相关保障服务。起飞后，某旅客Y先生向5号空乘人员要毛毯，5号空乘人员由于正在处置其他旅客的服务需要，稍后才为Y先生送上毛毯，Y先生表示不满："不但航班延误还没有为VIP提供服务"。期间，

Y 先生也未向空乘人员出示自己的 VIP 身份证明。在餐饮服务过程中，3 号空乘人员询问 Y 先生需要什么饮料，Y 先生提出要瓶装矿泉水，3 号空乘人员解释说：今天提供杯装水，可以给他多倒几杯。Y 先生便扭过头不说话了。3 号空乘人员在发现 Y 先生的不满情绪后，便回头等舱拿了瓶装矿泉水让 5 号乘务员递给该旅客。

分析与讨论：

1. 假如你是此案例中的 Y 先生，航程结束后，你会如何描述对此航程的印象？

2. 假如你是一名空乘人员，请谈一谈遇到案例中的类似情况时，注意哪些问题才能避免给旅客留下不良的知觉印象呢。

项目四　旅客的需要和动机

通过本项目的学习，了解需要、动机的特点，熟悉马斯洛需要层次理论，掌握旅客的一般需要和特殊服务需要。

通过本项目的学习，能够将马斯洛需要层次理论的知识用于分析旅客的心理需要。

通过本项目的学习，能够根据旅客的需要提高服务质量和水平；能够根据特殊旅客的心理需要提供相应的服务。

人们外出旅行时，为什么会选择不同的交通工具？

蓝天上的"雷锋班组"

就空乘人员岗位而言,最重要的职责莫过于两点:一是保障民航客舱的安全;二是为旅客提供温馨服务。对空乘人员而言,严格执行客机管理相关规定即可保障客舱安全,但服务却是一个难以掌握的工作。一方面,民航客舱服务起点较高,在高起点上要再进一步是难上加难;另一方面,旅客越来越注重出行感受,可感受纯属个人体验,要让所有旅客都有美好的体验,只能靠空乘人员的用心服务。

自2008年中国国际航空公司(以下简称"国航")金凤组率先提出了"主题航班"的概念以来,每逢重要的节日来临、新航线开通,金凤组组员就会精心设计活动,为旅客提供令人惊喜的服务。在日常的航班服务中,金凤组组员会仔细观察旅客需要,主动改进服务,优化服务流程。改进后的服务或优化后的服务流程一旦广受旅客好评,则会被确定成为国航客舱的服务标准。在长距离航线上,经济舱餐饮同步配送;为高舱位旅客提供姓氏服务;在飞机起降时对旅客广播致谢等。国航这些服务标准的确定,金凤组功不可没。

服务工作需要不断创新。为此,金凤组组员向茶艺师学习龙井茶的文化内涵和冲泡技巧,研发出便于机上操作且具有特色的四季养生茶饮,以"春萌、夏暑、秋收、冬藏"为主题,诠释了我国传统养生理念;金凤组组员为小旅客定制了"我的小小飞行记录本",在国际航班上向所有的小旅客发放,这个手绘的记录本从设计到绘画均由金凤组组员完成；金凤组组员还制作了名片沟通卡，在为旅客送上温馨祝福的同时，征求旅客的服务意见和建议。

一次，在从温哥华飞往北京的航班上，一位老先生从卫生间出来后突然昏倒且大小便失禁，金凤组第一时间组织人员进行机上抢救，而他和老伴的衣物都在托运行李中。老先生强烈的自尊心和身体不适使他不愿让空乘人员靠近。金凤组的乘务长与其老伴沟通，说服老先生在卫生间脱下脏衣裤，用毛毯裹住身体，调整座位以便他们更好地休息，其他空乘人员在将卫生间擦拭干净的同时，还为老先生洗干净了弄脏的衣裤。当乘务长把烘干的衣裤拿过来时，两位老人惊呆了，紧紧握着乘务长的手说："儿女都不见得能做到这种程度啊，你们胜过了我们的儿女。"类似的情况经常在金凤组执行的航班上发生。

"我们有一个以金凤组含义命名的孩子，今年已经 11 岁了。"尤腾介绍道。这个孩子是中国民航史上第一个在国际航班上出生的婴儿。那是 2003 年金凤组在执行北京到罗马的航班任务时发生的故事。一名孕妇在航班上出现早产征兆，为了确保分娩过程母子平安，金凤组组员全力呵护，航班也紧急备降在俄罗斯莫斯科谢列梅捷沃国际机场。当医护人员登上航班，见到母子平安时，都感到不可思议。孩子的母亲眼睛热泪恳求金凤组给孩子取名，金凤组以"天空中的金凤"之意，为孩子取名"天凤"。

空中服务工作很平凡，也很琐碎，但只要真心付出，就会换来旅客的信任，这已经成了金凤人的共识。"我们曾经在高空中帮旅客求婚，在客舱中救过婴儿。当我在北京到新德里的航班上，成功抢救了一名患有心脏病的婴儿后，他冲着我笑时，我觉得那是世间最灿烂的笑容。"钟丽动情地说。

用中航集团党组成员、国航股份党委书记樊澄的话来说，金凤人"聚是一团火，散是满天星"。聚在一起，金凤人用火一般的热情温暖他人；分散四方，金凤人用点点星光努力向社会、向周围人传递着光亮。

【案例思考】

1. 案例中出现了几种类型的旅客，空乘人员满足了他们的哪些需要？

2. 案例中金凤乘务组根据旅客的需要进行的服务创新主要体现在哪些方面？

3. 作为一名普通的旅客，你的需要有哪些？

项目四 旅客的需要和动机

任务一 需要概述

一、需要的基本概念

微课：需要概述

需要是有机体内部的某种缺乏或不平衡的状态，是一种主观上的不满足感的体验，是力求追寻获得满足的一种心理状态。需要总是表现为对一定事物的要求和追求，是人类行为的动力源泉。这一概念包含以下几层含义：

1. **需要的产生是源于有机体内部的某种缺乏或不平衡的状态**

需要的这种缺乏和不平衡的状态体现在生理和心理两方面。例如，当人们口渴时，便会产生喝水的需要；当人们饥饿时，便会产生进食的需要（图4-1）。一旦人们的需要得到满足，这种缺乏和不平衡的状态也会随之消失，正如吃饱后再去逛超市，就算见到平时最爱吃的食物，也不想买一样。

▲ 图4-1 为了避免饥饿而进食

2. **需要是人类行为的动力源泉**

人的需要是维持行为和活动的基本动力。美国著名哲学家、心理学家马斯洛曾经说过："人是一种不断需要的动物，除短暂的时间外，极少达到完全满足的状况，一个欲望满足后，往往又会迅速地被另一个欲望所占领。"因此，需要推动人的行为活动，在行为活动中不断得到满足，然后另一种需要会适时出现，继续推动人的行为活动，使其不断向前发展。

二、需要的特征

人的需要是多种多样的，不同的人的需要可能是相同的，也可能是不同的，但是，需要作为反映现实要求的社会个体的一种主观状态，是具有普遍性的。对象性、紧张性、驱动性、起伏性、个体性和发展性6个特征。

1. 需要的对象性

需要总是表现出对具体事物的追求，指出人们具体的需要是什么，具有一定目标性的，当需要离开具体目标，则其将无从谈起。例如，当一个人意识到自己的知识浅薄时，需要是指向求知的，即对知识的渴求；当人在欣赏艺术品时，需要是指向审美的，即对美的追求。

2. 需要的紧张性

人一旦产生某种需要，随之而来的便是一种情绪的紧张感。人越想满足这种需要，紧张性便会越强。例如，当高考结束后，学子在等待学校下发录取通知书的一段时间里，常会出现烦躁、不稳定、焦虑的情绪，这就是需要的紧张性的体现。

3. 需要的驱动性

需要与活动两者之间联系紧密，需要是人类行为和活动的内部动力，需要一旦出现，便会产生一种支配力量，推动人们从事各种活动并以此来实现需要的满足。需要越强烈，这种内部动力越活跃，而需要一旦得到满足，这种内部动力将会减弱或消失。

4. 需要的起伏性

人的需要具有一定的起伏性，已经产生的需要通常不会立刻消失，它作为一种内部动力总是时而活跃，时而潜伏，反反复复。例如，人渴了会喝水，维持一段时间后，再渴了又喝水；人困了会睡觉，维持一段时间后，再困了又睡觉。

5. 需要的个体性

在现实的社会里，人的需要是多样化的。由于家庭、社会地位、职业、个人经历、文化和价值观等的差异，具体需要及对同种事物需要的强度都会表现出不同。正如同样是进食的需要，有人可能更加在乎食物是否外观精致，而有人更在乎食物是否能填饱肚子。

6. 需要的发展性

需要的满足是无止境的。当人的某需要被满足后，另一个新的需要适时出现，又会产生新的动力去满足它。如此不断循环，就构成了人的整个活动过程。一旦人的需要消失了，那么活动也就停止了。

三、马斯洛需要层次理论

马斯洛（Abraham Harold Maslow，1908—1970 年）是美国著名的比较心理学家和社会心理学家，也是人本主义心理学的主要创始人之一。1954 年，他在《动机与人格》中提出需要层次理论，之后，通过不断地探索和修改，形成了颇具影响力的马斯洛需要层次理论。

马斯洛将人的需要分为 5 个等级，分别是生理的需要、安全的需要、归属与爱的需要、尊重的需要和自我实现的需要（图 4-2）。

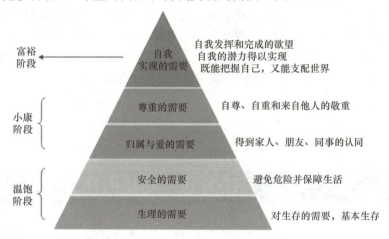

▲ 图 4-2　马斯洛需要层次理论

1. 生理的需要

生理的需要是人为了能够生存而必不可少的需要，是最原始、最基本、优先满足的生活需要，如食物、水、氧气、睡眠、排泄、性等的需要。生理的需要在 5 个等级中处于最底层，是一种较低层次的需要，但是占有绝对的优势，如果一个人生理的需要得不到满足，个体的生理机能就无法正常运转，生命将受到威胁，则个体的其他需要将会被忽视或被放到次要位置。

2. 安全的需要

当生理的需要得到满足以后，另一种新的需要便会出现，这就是安全的需要。安全的需要是指人们对安全的物理空间、安全的社会环境、稳定的工作与收入、希望得到保护、免除恐惧与焦虑和免于灾难等需要。

3. 归属与爱的需要

归属与爱的需要主要是指人们渴望同团体中的成员建立良好的情感联系，希望被他人信赖、接纳和认可，希望爱与被爱。如果这一需要不能得到满足，个体将会产生强烈的孤独感、空虚感和疏离感，产生痛苦的情绪体验，不利于建立良好的人际关系。

4. 尊重的需要

尊重的需要表现为自尊和来自他人的尊重两方面。自尊表现为希望获得自信、变得有能力、获得成就、自强独立等需要；来自他人的尊重主要表现为个人威望、受赏识、被承认和受拥护等需要。满足尊重的需要会使人产生自信，确信自己的价值和能力；而若尊重的需要不能得到满足，将会使人受到挫折与打击，从而感到失落、无助、自卑和无能。

5. 自我实现的需要

自我实现的需要是指人们充分地发挥自身的潜能，最终成为自己所期望的人的一种需要。只有完成与自身能力相匹配的一切事，才能使他们体会到最大的快乐、得到极大的满足。马斯洛提出，为满足自我实现需要所采取的途径和方式是因人而异的，有人想成为优秀的运动员，有人想成为伟大的母亲，有人想在绘画上得到突破，这一需要也是个体之间差异最大的。

任务二　动机概述

微课：动机概述

一、动机的概念

动机是指激发、指引、维持个体活动并朝向某一目标进行的内部动力。比如，人为什么会选择乘坐飞机出行，而不选择火车和汽车，是因为飞机更安全吗？是因为民航的服务更好吗？是为了显示自己的身份吗？有的动机是有意识的，而有的动机是潜意识的，可能有的动机连个体自己都没有察觉到，而这种更深层次的动机往往对人的行为影响更大。

1. 动机与需要

动机的产生依赖两个条件：一是需要，属于内在条件；二是诱因，属于外在刺激。当个体内部产生某种不平衡状态，人的某种需要得到满足时，就会产生行为动机。这是动机产生的内部原因和基础，离开了需要无从谈动机。除需要能够产生动机外，外部的刺激同样可以激起个体的活动，但两者缺一不可。若个体在某一时间有强烈的内部需要，加上外部诱因的刺激，能够产生极为强烈的动机。

2. 动机的功能

动机对人的行为有着重要的影响，其给予了行为动力，指明了行为方向，并对目标进行控制和调节。因此，动机主要具有以下功能：

（1）动机的激活功能。动机能够激发个体的行为，推动其活动。人的活动总是由动机引起的，没有动机就没有人类的活动，动机不同可能会引起不同的行为，但是相同的行为可能是由不同的动机引起的，人的行为也不是受单一动机引起的，而是多种动机的共同结果。

（2）动机的指向功能。动机使个体的活动总是指向一定的目标和方向性，动机强度越大，这种指向性越具体。动机不同，个体活动的方向和指向存在一定的差异。

（3）动机的激励功能。当个体活动指向一定目标后，是否将活动进行下去，就需要动机的激励，不断调整活动的强度及活动维持的时间。一旦活动达到预期的目标，个体将停止活动；如果活动还未达到预期目标，动机将调整目标、维持活动的进行。当然，不同强度的动机，对于活动激励的效果是不同的。

二、动机的种类

（1）根据动机的起源，动机可分为生物性动机和社会性动机。

1）生物性动机。生物性动机也可称为原发性动机、生理性动机。生物性动机是指那些以生理性需要为基础而产生的动机，如饥饿、口渴、睡眠、性、排泄、解除痛苦等。生物性动机具有周期性的特点，当人的生理性需要得到满足后，生物性动机便会减弱，保持一定时间的平衡，当机体又产生某种生理性需要时，生物性动机便会推动人的行动。由于受到社会文化的制约，人被打上了深深的社会烙印，在个体身上，绝对、纯粹的生物性动机是极其少见的，正如人有进食的动机，但是选择哪种食物则受到社会文化的影响。

读书笔记

2）社会性动机。社会性动机也可称为习得性动机、心理性动机。社会性动机是指那些与社会化需要相联系而产生的动机，人与动物不同，人除了生理性需要外，还有认知的需要、交往的需要、尊重的需要、权利的需要和成就的需要等，相对应地产生了求知动机、交往动机、归属动机、权利动机和成就动机等。人的社会性动机主要受到价值观的影响，符合自身价值观，就会被认为是对的、有价值的，反之，就是错误的、无价值的。价值观决定了个体社会性动机的性质和强度。

（2）根据来自机体内部还是外部，动机可分为外部动机和内部动机。

1）外部动机。外部动机是指由外在因素诱发的活动动机，是追求活动本身之外的某种目标。例如，一名学生努力学习，并不是因为自己对学习的热爱，而是因为能从父母处得到物质奖励。这种动机不是追求活动本身，而是一种外部动机。

2）内部动机。内部动机是指个体的内在需要引起的活动动机，是追求活动本身的某种目标。个体在做某件事情时，会感到快乐，而不需要外

读书笔记

力的推动，正如对于喜欢弹琴的小孩，练琴本身就是一件愉悦的事情，不需要父母监督，这就是一种内部动机。一般来说，内部动机比外部动机对人的影响更大。外部动机和内部动机的界限并不是绝对的，外部动机在一定条件下也可能转化为人的内部动机。

任务三　旅客需要与民航服务工作

一、旅客的一般需要

旅客服务的工作性质决定了空乘人员必须了解旅客的一般心理需要，把握其心理活动特点，才能更好地为旅客服务。结合马斯洛需要层次理论的内容，在民航服务中，旅客的一般需要体现在以下几个方面。

1. 生理的需要

生理的需要是旅客对衣着、座位、饮食、环境、休息等方面的需要。在很多国家和地区，乘坐飞机的人大多有着一定的社会地位或经济条件较好者，他们对衣着有一定的要求，比较注意个人着装和外在风度，讲究整洁、大方。旅客普遍希望食品可口、饮料味美，机舱环境优雅整洁，温度适宜，空乘人员服务热情，卫生间洁净整齐。不少旅客希望自己的座位临窗，这样可以透过窗户欣赏与地面所视不同的景象，而有的旅客喜欢在飞行中小憩，缓解疲劳和压力。很多旅客选择乘坐飞机，是因为它快捷、节省时间。因此，旅客最不愿意看到的事情就是航班延误，他们希望能够安全、舒适、准时地到达目的地。

2. 安全的需要

根据客观的数据分析，飞机可以算最安全的交通方式，但人们普遍认为火车比较安全，飞机危险系数比较高，虽然这是一种误解，但很多人，特别是第一次乘坐飞机的旅客在飞行时都会感到担心和紧张，身心总是处于紧张和焦虑状态。旅客最大的愿望就是能够安全、准时地到达目的地。因此，天气的变化、起飞时间的延迟、飞机机械故障等情况的发生，都会使旅客的情绪产生较大的波动。另外，由于飞机运输的特殊性，一旦发生意外，人的生命会受到很大威胁，因此，空乘人员要理解旅客购票乘机时会偏好大飞机或大航空公司。同时，旅客在出行中，对人身及财产安全也存在强烈的需要，而且对这方面的安全期望也很高。航空公司及空乘人员应在设备、服务等方面满足旅客安全的需要，将旅客的安全放在第一位。

微课：民航旅客需要与民航服务工作

3. 社交的需要

与一般人的社交的需要一样，旅客也有社会交往的欲望。在民航服务过程中，旅客会希望在有需要的时候得到他人的安慰和支持，保持与其他旅客及空乘人员的友好关系，独行旅客或初次乘机旅客更是如此，空乘人员应与旅客建立良好的关系，并促进旅客之间创造和睦的气氛，也可邀请旅客成为航空公司的会员，让其有归属感。在这方面，民航服务面临的将是更复杂、更细致、更有难度的工作，不同的旅客会因年龄、性格、经历、民族、宗教信仰等不同而具有独特的社交的需要。

4. 尊重的需要

尊重的需要是人较高的心理需要之一。旅客尊重的需要常常表现得较明显，且主要表现为希望被空乘人员尊重，希望自己的身份得到认可，希望自己的主体地位得到体现。空乘人员应理解并满足旅客的这种需要，为旅客提供周到、细致的服务和人性关怀。比如，空乘人员应文明礼貌待客，耐心地听取旅客的想法或看法，即使旅客有说错或做错的地方，也不能嘲笑他们，更不能指责他们，而应采取谅解和帮助的态度为他们服务。

二、民航特殊旅客的服务需要

1. 老年旅客

老年旅客一般指年龄在70岁以上，年迈体弱，虽然并未行动不便或身体不适，但在旅客中显然需要他人帮助的旅客。年龄超过70岁，身体虚弱，需要轮椅代步的老年旅客，应视同病残旅客并给予适当的照料。老年旅客的体力、精力开始衰退，动作缓慢，应变能力差，常常需要关心帮助。老年旅客由于年龄上的差异，与年轻旅客想法不同，容易寂寞，孤独感逐步增加。尽管老年旅客没有表现出来，但内心也渴望他人的关心帮助。因此，为老年旅客服务时需要更加细致：与老年旅客讲话速度要慢，声音要略大；经常主动关心询问他们需要什么帮助，如需不需要毛毯等；洞悉并及时满足他们心理的需要，尽量消除其孤独感。另外，由于东西方文化的差异，很多西方老年旅客在身体状况良好的情况下，一般不喜欢他人给予特殊关照，否则会认为他人小看了他的能力。对于这样的旅客，空乘人员应留心观察，当他真正需要帮助的时候，提供及时而又不使其感到被特别对待的关照。体弱的老年旅客既有很强的自尊感，又有很深的自卑感，由于身体的原因自感不如他人，有时会比较敏感，在外表上表现出不愿寻求他人的帮助。空乘人员应尽可能多通过观察去发现他们有什么需要，不要给他们太多的心理压力，对他们携带的行李物品，要主动帮忙提拿，还要关心他们的身体状况，消除他们对坐飞机的不适感。

读书笔记

2. 行动不便的旅客

由于身体或精神上的缺陷或病态，在航空旅行中，不能自行照料自己的旅途生活，需要他人帮助照料的旅客称为行动不便的旅客。这些旅客较之正常人自理能力差，有特殊困难，迫切需要他人帮助，但是他们自尊心较强，有时不会主动要求空乘人员提供帮忙，更愿意显示他们与正常人无多大区别，不愿意他人说他们是残疾人，或把他们看成残疾人。因此，空乘人员要称其为"行动不便的旅客"，要了解他们的心理，在服务过程中低调地提供便利并进行重点照顾，让他们感到舒服和温暖。例如，有一位下肢残疾的旅客乘坐飞机，在飞机上不吃也不喝，细心的民航服务人发现后及时与这位旅客进行了沟通。原来这位先生不吃不喝的原因不是不饿不渴，也不是为了减肥，更不是飞机上的餐食不合他的口味，而是为了减少上洗手间的次数，怕给空乘人员添麻烦。服务员人了解原因后热情地安慰他："没关系，您要上洗手间时，我们会帮助您的。"旅客这才放心地吃东西。

3. 儿童旅客

儿童旅客的基本特点是性格活泼、天真幼稚、好奇心强、善于模仿、判断能力差、做事不计后果。鉴于儿童旅客的这些特点，在服务过程中要注意防止一些机上不安全情况的发生，不能将儿童旅客安排在应急出口处，防止其乱摸乱动应急设备，同时还要叮嘱家长照顾好自己的孩子，并且要注意态度和语气，不要训斥他们。例如，航班起飞、降落时，要注意防止儿童旅客四处跑动；为儿童旅客提供热饮时，应倒至杯子的一半，以免发生烫伤的情况。对无人陪伴的儿童旅客，航空公司最好指派专门的空乘人员负责照看，以防其发生意外。

4. 初次乘机的旅客

初次乘机的旅客好奇心强、爱提问题、好动，或缺乏乘机经验、不熟悉安全须知、又羞于请教他人。民航运输不同于汽车、火车、轮船等其他运输方式，初次乘机的旅客对飞机上的一些设备、环境等都十分陌生，容易带着一种好奇心想探索一切。为满足初次乘机的旅客的新奇感，空乘人员应适当为初次乘机的旅客介绍飞行的距离、时间、速度、飞机设备的使用方法和注意事项，并介绍乘机小常识，如飞机的机型、飞行的高度、飞越的地标等，以满足他们的好奇心。同时，初次乘机的旅客缺少乘机知识，空乘人员要主动、耐心地介绍，不要指责或嘲笑他们，避免他们感到不必要的内疚和尴尬。另外，初次乘机的旅客也容易有紧张的心理，空乘人员一方面，要请他们放心，告诉他们航空运输在交通运输工具中是十分安全的；另一方面，可以亲切地与他们交谈，询问他们此行的目的，以分散他们的注意力，使他们感到乘坐飞机是安全舒适的，从而缓解他们的紧张心理。

5. 重要旅客

（1）重要旅客的类型。

1）最重要旅客（Very Very Important Person，VVIP）：如我国党和国家领导人，外国国家元首和政府首脑，外国国家议会议长和副议长，联合国正、副秘书长等。

2）一般重要旅客（Very Important Person，VIP）：包括政府部长、副部长；省、自治区、直辖市党委书记及副书记，人大常委会主任、副主任；省长及副省长、自治区人民政府主席及副主席、直辖市市长及副市长和相当于这一级的党政军负责人；我国和外国大使、国际组织（包括联合国、国际民航组织）负责人，国际知名人士、著名议员、著名文学家、科学家和著名新闻界人士等；我国和外国全国性重要群众团体负责人等。

3）工商企业界重要旅客（Commercial Important Person，CIP）：工商企业界重要旅客对航空公司来讲，就是指社会知名度较高，长期以来购票数额较大，对航空服务、效益具有良好促进作用的乘机旅客。

（2）重要旅客的服务需要。重要旅客有着一定的身份和地位，自我意识强烈，自尊心强，希望得到一种应有的尊重。与普通旅客相比，他们更注重环境的舒适和接受服务时心理上的感受。由于重要旅客乘坐飞机的机会比较多，他们会在乘机的过程中对机上服务有意无意地进行比较。空乘人员提供服务时，要注意恰当使用姓氏服务，适度与旅客进行语言和非语言交流。同时，要注意态度热情、言语得体、落落大方，针对他们的心理需要提供相应的服务。在提供周到的物质服务的前提下，空乘人员更应满足重要旅客精神上的需要，使其整个行程都沉浸在愉悦的心情中。

6. 外国旅客

随着我国国际地位的不断提高，来国内工作、参观、旅游、考察的外国旅客越来越多，民航服务中的外国旅客数量在不断增多。由于很多外国旅客不懂中文，在沟通上存在语言障碍和文化差别，因此在旅行过程中，尤其是发生突发情况，（如航班延误时，一旦空乘人员服务不到位，他们就可能觉得很无助。

在民航服务过程中，首先，空乘人员要了解旅客的国籍和身份，以便安排符合他们需要的服务措施；其次，要尊重外国旅客本国的文化和行为习惯，这需要空乘人员从更多渠道了解外国文化；再次，服务时最好能使用旅客熟悉的语种进行交流，态度要和蔼热情，做到周到而不卑不亢地尽心服务；最后如果外国旅客由于语言、地域陌生等原因需要特殊服务，空乘人员应尽量满足。

项目小结

1. 需要的产生是源于有机体内部的某种缺乏或不平衡的状态；需要是人类行为的动力源泉。

2. 需要的特征包括需要的对象性、需要的紧张性、需要的驱动性、需要的起伏性、需要的个体性、需要的发展性。

3. 马斯洛需要层次理论包括生理的需要、安全的需要、归属与爱的需要、尊重的需要、自我实现的需要。

4. 动机的功能包括动机的激活功能、动机的指向功能及动机的激励功能。

思考与练习

1. 人最基本的需要是什么？满足了最基本的需要后，人又会追求哪些新的需要？

2. 假设有初次乘机的旅客、老人、儿童、行动不便的旅客乘坐你当班的航班，你将如何为他们服务？

3. 根据以下案例，请学生扮演不同的角色——空乘人员、旅客和其他相关人员，活动结束后，由不同的角色来谈谈各自的体会和感受。

一名旅客登机后，在座位处希望空乘人员（男）帮忙将行李放置到行李架上，但空乘人员没有协助，而是要求旅客找后面的空乘人员帮忙，旅客叫了几声后面的空乘人员，但空乘人员并没有听到，无奈之下只能自己放置行李，放了几次才将行李放好。

落座后，该旅客向另一位空乘人员（女）要靠枕，该空乘人员让旅客稍等，但等了10分钟都没有送来，该旅客再次询问，被告知还需要等待，旅客第三次向该空乘人员要靠枕，此时却被告知已经发完了。

分析与讨论：

（1）旅客谈谈自己在此次旅程中的心理感受和体会。

（2）空乘人员反思在服务过程中存在的问题。
（3）观察人员谈谈对空乘人员、旅客等相关角色的评估及自身的感受。
（4）该航班的空乘人员应如何提高服务水平？

项目五　民航服务中的个性分析

通过本项目的学习，了解个性的概念和特征，熟悉气质、性格的类型和特征，掌握旅客个性心理特征。

通过本项目的学习，能够将旅客个性心理特征应用于服务实践，能够根据旅客个性心理特征的差异满足他们的不同需要。

通过本项目的学习，能够根据旅客气质、性格和能力的不同，有针对性地做好民航服务工作，提高服务质量。

你认为喜欢乘飞机的人属于外倾型旅客还是内倾型旅客？

以人为本、旅客至上

  人性化管理的提出由来已久,但系统地运用于旅客的管理中并不多见,因为要在短短数小时之内逐个将旅客的脾气、秉性、爱好、需要了解清楚,绝不是一件容易的事。那么,是否可以通过其他方式来弥补由于时间短而造成的服务上的缺憾呢?事实上,将旅客以地域的形式来划分为其提供人性化服务进而进行人性化管理不失为一个好办法。譬如,我国北方地区的旅客一般性格较为豪爽、说话比较直接、好面子,因此,在服务过程中对他付出百倍的热情,他必以千倍来回报;而南方某些地方的旅客恰恰相反,做事认真,说话婉转,对服务要求较高。因此,在服务过程中应用不同的服务方式、语言方式来对待不同地域的旅客,以取得良好的服务效益。再譬如,欧美地区的旅客(尤其是美国旅客)大多性格开朗、活泼好动、非常健谈。机舱内往往热闹非凡,他们对于服务并不十分挑剔。针对这样的旅客,要求每一位乘务员都活跃起来,暂且将东方人的含蓄抛开,融入客人,他们就会竖起大拇指对你说:"Good service, ok."而英国旅客就相对保守一些,非常讲究细节,彬彬有礼而且注意卫生,在飞行过程中不是在休息就是在阅读。因此,空乘人员在提供服务时"有需要,有服务,无需要,无干扰"几个字十分重要。

  空乘人员对各个地方旅客的特点、地域特征、生活习惯、饮食口味等不应仅做民俗民风的一般性了解,而应将其细化归类（比如，广东旅客口味较为清淡，而湖南旅客比较喜欢吃辣，山西旅客喜欢吃面食，外国旅客普遍比较喜欢咖啡、啤酒、可乐和牛肉的搭配等）并整理成册，专门作为旅客人性化管理的准则，让空乘人员熟悉、掌握。这样做可以有效提高服务水平。

【案例思考】

1. 结合案例中的不同地区旅客的性格特征，谈谈自己的想法。

2. 了解旅客的个性心理特征对于做好民航服务有什么帮助？

任务一　个性的形成

世界上的每个人都是独特的个体，都有自己独有的魅力。由于个人人生经历不同、受社会影响程度不同，即使双胞胎个体之间也会表现出有异于他人的、鲜明的、独有的个性心理特征。

一、个性的概念

个性是指一个人精神面貌的总和，是在个人遗传素质的基础上，通过个人独一无二的成长经历形成和发展的，反映出不同个体之间稳定的差异性特征。个性一词最早源于拉丁文"Personal"，原指古希腊罗马的戏剧演员所戴的假面具，后延伸为演员塑造的不同人物性格特征，将人扮演角色的种种行为视为外在品质的表现，而将人的心理特征视为人格的体现。因此，在西方也有人将个性称为人格。

二、个性的基本特征

从对个性的定义不难看出，个性具有稳定性、独特性、倾向性、整体性、生物性和社会性的特征。这些特征能够帮助人们加深对个性的理解。

1. 个性的稳定性

人们在评价他人时常说："江山易改，本性难移"，这明显是对个性稳定性的描述，人的个性一旦形成，就会具有稳定性。人偶尔出现的行为表现并不能表征其个性，只有那些稳定出现、经常出现、有一定倾向性的行为才能视为其个性的一部分。例如，一个平时内心平静、性格内向温和、谦虚谨慎的人，偶尔出现脾气暴躁、动怒的情况，并不能说明他具有鲁莽的性格特征，因为个性具有稳定性和经常性，不能通过偶尔的行为来表征他的个性。个性具有稳定性，这是一种相对稳定，而不是僵化不变的。一个人的个性形成以后，随着社会实践活动的开展、社会生活环境的改变及重大事件的发生，都会因人而异地对个性造成或多或少的影响，尤其是处于青年期的群体，其个性显示出很大的可塑性。因此，应该客观地看待个性的稳定性和可塑性。

2. 个性的独特性

俗话说："人心不同，各如其面"，人个性的不同，就如人的容貌一

微课：个性的形成

般，各不相同，各具特色。每个人都是独一无二的个体，个体之间由于遗传基因的差异、后天环境的差异，受教育程度不同，从事行业不同，人与人之间会形成千差万别的个性心理特点，这就是个性的独特性。个性的独特性并不代表社会个体的个性毫无共通性，个性中也有人类共有的个性特征、有民族共同的个性特征，还有各种亚群体共同的个性特征，这就是个性中的共性。

3．个性的倾向性

个性的倾向性存在于个体社会生活的各个层面，它是人进行活动的动力因素，决定着人对现实世界的态度，以及对客观事物的态度与选择。个性的倾向性主要以需要、动机、兴趣、价值观和信念的方式得到实现，支配人的行为。

4．个性的整体性

个性是人的整个心理特征的总和，是由多种人格特征结合的有机整体。每个人的个性心理特征都不是孤立存在的，而是相互联系、相互制约的各种个性心理特征和个性倾向性组合而成的一个完整的整体。在这个整体中，如果一部分发生变化，那么其他部分也会发生变化，从另一个侧面也说明了个性的适应功能。

5．个性的生物性和社会性

人既是生物人，也是社会人，不可避免要受到生物因素和社会因素的制约和影响。人的自然属性虽不能预定个性的发展方向，但给个性的形成与发展提供了可能性，在这种前提和基础上，人的社会属性才使可能性转变为现实性。个性色彩是人在社会交往活动中逐渐形成的。个性是生物性和社会性共同作用的结果，先天素质是基础和条件，后天环境是决定性因素，两者共同影响个性的形成与发展。

三、个性的心理结构

个性是一个复杂的、多维度、多层次的整合体，有着复杂的结构。目前，比较常见的观点一般是将个性的心理结构划分为3个成分：个性心理特征、个性倾向性和自我。

1．个性心理特征

个性心理特征是个性心理结构的组成成分之一，是个性心理结构中最为稳定的成分，是由人的多种心理特征形成的独特组合。个性心理特征反映出人心理面貌稳定的差异，它主要包括能力、气质和性格三部分。这些个性心理特征在个体心理发展过程中，出现得比较早，在一定程度上受到人的遗传因素的影响。个性心理特征和个性倾向性也是相互影响、相互渗透的关系，个性心理特征会受到个性倾向性的调节；同时，个性倾向性随

读书笔记

着个性心理特征的改变会产生一定程度的变化,而自我将人的个性心理特征和个性倾向性连成一个有机的整体。

2. 个性倾向性

个性倾向性是指推动人进行活动的基本动力,主要包括需要、动机、兴趣爱好、信念和价值观等,是个性心理结构中最为活跃的成分。

3. 自我

自我顾名思义就是自我意识,是指一个人对自己的意识,主要包括自我认识、自我体验和自我控制,是个性的基础。

拓展阅读

改变沟通思维,学会换位思考

某次,北京至珠海的航班上,头等舱满客,未得到座位的旅客中还有5名VIP旅客。乘务组自然不能掉以轻心。2排D座是一位外籍旅客,他入座后对空乘人员还很友善,并不时和空乘人员做鬼脸、开玩笑。飞机起飞后,这名外籍旅客一直在睡觉,空乘人员忙碌着为VIP旅客和其他旅客提供餐饮服务。然而,2小时后,这名外籍旅客忽然怒气冲冲地走到空乘人员面前,大发雷霆,用英语对空乘人员说道:"在2小时的空中旅客时间里,你们竟然不为我提供任何服务,甚至连一杯水都没有!"说完就返回座位了。

外籍旅客突如其来的愤怒使乘务员们很吃惊。头等舱空乘人员很委屈地说:"乘务长,他一直在睡觉,我不便打扰他呀!"说完立即端了一杯水送过去,却被这位旅客拒绝。接着,她又送去一盘点心,旅客仍不予理睬。眼看着飞机将进入下降阶段,乘务长觉得不能让旅客带着怒气下飞机,于是灵机一动,与头等舱空乘人员一起用水果制作了一个委屈表情的果蔬拼盘并端到旅客的面前,慢慢蹲下来轻声说道:"先生,我非常难过!"旅客看到果蔬拼盘很吃惊。"真的?为什么难过呀?""其实在航班中我们一直都有关注您,起飞后,您就睡觉了,我们为您盖上了毛毯,关闭了通风孔,后来我发现您把毛毯拿开了,继续闭目休息。"旅客的情绪开始缓和,并微笑着说道:"是的!你们如此真诚,我误解你们了,或许你们也很难意识到我到底是睡着了还是闭目休息,我为我的粗鲁向你们道歉,请原谅!"说完,他将那片表示

> 难过的西红柿片360°旋转,使委屈表情的果蔬拼盘变成了一个有着开心笑脸的果蔬拼盘。
>
> **案例点评:** 这样的案例在日常航空服务中也会遇到,不仅在头等舱旅客身上能碰上,在经济舱旅客身上也会遇到。空乘人员需要掌握的与旅客的沟通要领在于改变沟通思维,学会站在旅客的角度看问题,并避免推卸责任。无论如何,只要产生了服务矛盾,双方都有失误之处,空乘人员要多从旅客的角度来思考,这样就能找出沟通的核心问题,也能够理解旅客的情绪,然后动之以情,晓之以理,实事求是,这就是处置特殊投诉危机的有效方式。

任务二 气质与性格

一、气质的概念与类型

1. 气质的概念

气质是指人生来便已具有的某种稳定的心理活动的动力特征,可以从以下3个方面对气质的概念进行理解。

(1)心理活动的动力特征。主要指心理过程的强度、心理过程的速度、心理过程的稳定性和心理活动的指向性等方面在人的行为活动中的表现。其中,心理过程的强度主要指情绪体验的强弱、意志努力的强度等方面;心理过程的速度主要指对事物知觉的快慢、思维的敏捷程度等方面;心理过程的稳定性主要指注意力集中的稳定性和情绪稳定性等方面;心理活动的指向性主要指个体心理活动倾向于指向内心世界还是外部事物。

(2)气质的先天性特征。气质与其他的个性心理特征不同,在很大程度上受遗传因素的影响,与人的神经系统活动有关。婴儿一出生就表现出各自的气质差异,如有的婴儿显得安静,有的婴儿却爱哭。

(3)气质的稳定性特征。气质的稳定性主要指气质形成的时间早,一旦形成,很难去改变它,但气质也不是一成不变的,在后天社会环境的影响下,有的气质是可以隐藏或改变的,只是这种改变只是一种细微的变

读书笔记

化，而且变化速度较慢。

2. 气质的类型

气质的类型是指表现为心理特性的神经系统基本特性的典型结合。最为著名的是希波克拉底的分类，他将气质分成胆汁质、多血质、黏液质和抑郁质4种。分析旅客不同气质的表现，对进一步了解旅客并在工作中照顾到他们的不同气质特点是有帮助的。

（1）胆汁质。胆汁质的人的高级神经活动类型属于兴奋型。他们的情绪兴奋性高，抑制能力差，反应速度快但不灵活，直率热情、精力旺盛、脾气暴躁、容易冲动、心境变化剧烈。

这种类型的旅客由于情感外露，碰到问题容易发火，一旦被激怒，就不易平静下来。例如，若遇到航班延误时间较长的情况，胆汁质的旅客会表现得比较激动，容易与空乘人员发生争吵，甚至出现拦堵旅客通道和安检通道等过激行为。因此，在为这一类型旅客服务时，应当注意不要激怒他们，不要计较他们有时过激、冲动的言语。万一出现矛盾应当避其锋芒，以安抚为主。

（2）多血质。多血质的人的高级神经活动类型属于活泼型。他们的情绪兴奋性高，外部表露明显，反应速度快而灵活、动作敏捷、喜欢交往、乐观开朗、兴趣广泛而不持久、注意力易转移，情感丰富但不够深刻稳定。

多血质的旅客表现活泼好动，喜欢参与变化大、刺激性强、花样多的活动，如机上的拍卖、义卖等活动。若遇到航班延误时间较长的情况，多血质的旅客可能会自行打发这段时间，寻找其感兴趣的事，而并不与空乘人员纠缠。因此，为多血质的旅客提供服务时，可多与他们交流，以满足他们爱交际、爱讲话的特点，但同时也要注意在与他们谈话时不应有过多的重复，注意把握时间，避免影响自己的工作。

（3）黏液质。黏液质的人的高级神经活动类型属于安静型。他们的情绪兴奋性低，外部表现少，反应速度较慢，一般表现为沉静安详、少言寡语、动作迟缓、善于克制忍耐、情绪不外露、做事踏实、慎重细致但不灵活、易固执己见。

若遇到航班延误，无论是出于什么原因，黏液质的旅客一般都会选择接受事实，耐心等待，表现安静，喜欢清静的环境和沉思，不主动参与各种活动。在为他们服务的过程中应当尽量简洁高效、谨慎可靠，以迎合他们的性格特点。

（4）抑郁质。抑郁质的人的高级神经活动类型属于抑制型。他们的情绪兴奋性低，反应速度慢而不灵活，具有刻板性、敏感细腻、脆弱多疑、孤僻寡欢、心境波动等特点，对事物的反应较强，情感体验深刻，但很少外露。

微课：气质与性格

心理测试

气质类型测试量表

下面有60道题,请根据自己的实际情况与题意符合的程度在选项A、B、C、D、E中进行选择。

A. 很符合　B. 比较符合　C. 难说　D. 比较不符
E. 很不符合

1. 做事力求稳妥,一般不做无把握的事。
2. 遇到可气的事就怒不可遏,想把心里话全说出来才痛快。
3. 宁可一个人干事,不愿很多人在一起。
4. 到一个新环境很快就能适应。
5. 厌恶那些强烈的刺激,如尖叫、噪声、危险镜头。
6. 和人争吵时总是先发制人,喜欢挑衅。
7. 喜欢安静的环境。
8. 善于和人交往。
9. 羡慕那种善于克制自己情感的人。
10. 生活有规律,很少违反作息制度。
11. 在多数情况下情绪是乐观的。
12. 碰到陌生人觉得很拘束。
13. 遇到令人气愤的事,能很好地克制自己。
14. 做事总是有旺盛的精力。
15. 遇到问题总是举棋不定,优柔寡断。
16. 在人群中从不觉得过分拘束。
17. 情绪高昂时,觉得干什么都有趣;情绪低落时,又觉得什么都没意思。
18. 当注意力集中于一事物时,别的事很难使我分心。
19. 理解问题总比别人快。
20. 碰到危险情境,常有一种极度恐怖感。
21. 对学习、工作、事业怀有很高的热情。
22. 能够长时间做枯燥、单调的工作。
23. 符合兴趣的事情,干起来劲头十足,否则就不想干。
24. 一点小事就能引起情绪波动。
25. 讨厌做那种需要耐心、细致的工作。
26. 与人交往不卑不亢。
27. 喜欢参加热烈的活动。

读书笔记

读书笔记

28. 爱看情感细腻、描写人物内心活动的文学作品。
29. 工作学习时间长了，常感到厌倦。
30. 不喜欢长时间谈论一个问题，愿意实际动手干。
31. 宁愿侃侃而谈，不愿窃窃私语。
32. 别人总是说我闷闷不乐。
33. 理解问题常比别人慢一些。
34. 疲倦时只要短暂的休息就能精神抖擞，重新投入工作。
35. 心理有话宁愿自己想，不愿说出来。
36. 认准一个目标就希望尽快实现，不达目的，誓不罢休。
37. 学习、工作一段时间后，常比别人更疲倦。
38. 做事有些莽撞，常常不考虑后果。
39. 老师讲授新知识时，总希望他讲得慢些，多重复几遍。
40. 能够很快地忘记那些不愉快的事情。
41. 做作业或完成一件工作总比别人花的时间多。
42. 喜欢运动量大的剧烈体育运动或参加各种文艺活动。
43. 不能很快地把注意力从一件事转移到另一件事上去。
44. 接受一个任务后，就希望能把它迅速解决。
45. 认为墨守成规比冒风险强些。
46. 能够同时注意几件事物。
47. 当我烦闷的时候，别人很难使我高兴起来。
48. 爱看情节起伏跌宕、激动人心的小说。
49. 对工作抱有认真严谨、始终一贯的态度。
50. 和周围人的关系总相处不好。
51. 喜欢复习学过的知识，重复做能熟练做的工作。
52. 希望做变化大、花样多的工作。
53. 小时候会背的诗歌，我似乎比别人记得清楚。
54. 别人说我"出语伤人"，可我并不觉得这样。
55. 在体育活动中，常因反应慢而落后。
56. 反应敏捷、头脑机智。
57. 喜欢有条理而不甚麻烦的工作。
58. 兴奋的事情常使我失眠。
59. 老师讲新概念，常常听不懂，但是弄懂了以后很难忘记。
60. 假如工作枯燥无味，马上就会情绪低落。

计算得分：

凡选 A 得 2 分，选 B 得 1 分，选 C 得 0 分，选 D 得 -1 分，选 E 得 -2 分。计算各题得分后，再按下列分栏计算每一栏的总分。每一分栏为属于某一气质的各题号。

胆汁质——2、6、9、14、17、21、27、31、36、38、42、48、50、54、58。

多血质——4、8、11、16、19、23、25、29、34、40、44、46、52、56、60。

黏液质——1、7、10、13、18、22、26、30、33、39、43、45、49、55、57。

抑郁质——3、5、12、15、20、24、28、32、35、37、41、47、51、53、59。

确定气质类型的标准：

如果某类气质得分明显高出其他三种，均高出4分以上，则可定为该类气质。如果该类气质得分超过20分，则为典型，如果该类得分为10～20分，则为一般型。

两种气质类型得分接近，其差异低于3分，而且又明显高于其他两种，高出4分以上，则可定为这两种气质的混合型。

三种气质得分均高于第四种，而且接近，则为三种气质的混合型，如多血质－胆汁质－黏液质混合型或黏液质－多血质－抑郁质混合型。

自省与成长：

你的气质类型如何？结合自己的职业规划，分析一下在未来职业中的优劣势，并思考该如何扬长避短。

同样遇到航班延误，抑郁质的旅客也会接受事实，但可能会因此而感到沮丧并闷闷不乐，影响自己的心情。抑郁质的旅客感情很少向外流露，心里有事情一般不向外人讲，表现羞涩、扭捏、性情孤僻、不好交际，很少到热闹的场所去。在为他们提供服务时，空乘人员要能够注意到他们的情绪变化，并表现出对他们的尊重，以免引起他们的误会或猜忌。

在现实中，并不是所有人都可按照4种传统气质类型来划分，只有少数人是4种气质类型的典型代表，大多数人的气质都介于4种类型的中间状态，或以一种气质为主，兼有多种气质的特点，即属于混合型气质。因此，在判断某个人的气质时，并非一定要将他划归为某种类型，主要应观察和评定构成他的主要气质类型。同时，在评定人的气质时不能认为某种气质类型是好的，某种气质类型是坏的。每一种气质都有积极和消极两个方面，在一种情况下可能具有积极的意义，而在另一种情况下可能具有消极的意义。例如，胆汁质的人可以成为积极、热情的人，也可以发展成为任性、粗暴、易发脾气的人；多血质的人情感丰富，工作能力强，易适应新的环境，但注意力不够集中，兴趣容易转移，缺少恒心等；抑郁质的人在工作中耐受能力差，容易感到疲劳，但情感比较细腻，做事审慎小心，观察力敏锐，善于察觉到别人不易察觉的细节。

二、性格的概念与特征

1. 性格的概念

性格一词源于希腊语"character"，原意为雕刻的痕迹，后延伸为"特性""属性""标志"之意。恩格斯指出："一个人物的性格不仅表现在他做什么，而且表现在他怎样做。"人的性格主要体现在两个方面：一是"做什么"，体现人对现实的稳定态度；二是"怎样做"，体现人的习惯化的行为方式。一般来说，态度决定行为，行为体现态度，两者是统一的。通常把性格定义为人对现实的稳定态度和习惯化的行为方式。

2. 性格的特征

性格是一种十分复杂的心理现象，它由各种不同的性格特征组合而成，形成个体独特的结构模式。性格特征主要体现在以下4个方面。

（1）性格的态度特征。性格的态度特征主要是指个体在处理各种社会关系时表现出的性格特征，即个体对社会、集体和他人的态度，对工作、学习的态度，对自己的态度等。人对社会、集体和他人的态度特征，主要包括舍己为人或自私自利，诚实正直或阴险狡诈，富于同情心或冷血无情，善于交际或行为孤僻，待人礼貌或言语粗鲁等；对工作、学习的态度特征，主要包括勤奋或懒惰，墨守成规或敢于创新，勤俭节约或铺张浪费，兢兢业业或偷奸耍滑等；对自己的态度特征主要包括自信或自卑，自强或自馁，严于律己或自我放纵等。

（2）性格的意志特征。性格的意志特征是指个体对自己的行为进行自我调节方式和控制水平方面的性格特征。主要从以下4个方面进行分析：

1）个体行为是否具有明确行为目标的意志特征，主要包括是具有目的性还是盲目性，是主见性还是受暗示性等；

2）个体对自我行为控制水平的意志特征，主要包括是主动性还是被动性，是有自制力还是缺乏自制力等；

3）在特殊、紧急和困难情景下表现出来的意志特征，主要包括是沉着冷静还是慌张失措，是勇敢面对还是胆小懦弱，是优柔寡断还是当机立断等；

4）在日常生活中表现出来的意志特征，主要包括是否有恒心，是否半途而废等。

(3)性格的情绪特征。性格的情绪特征是指个体在情绪活动时所表现出来的在强度、稳定性、持久性和心境方面的差异性特征。有的人情绪体验强烈,情绪一起来,很难靠意志控制,而有的人情绪体验较弱,很容易自制。有的人就算遇到重大事件,情绪也很难强烈波动,很平静,很容易控制,而有的人则很容易被一些小事影响,情绪起伏较大,对情绪的控制较为困难。有的人情绪活动会持续很长时间,影响很大,而有的人情绪活动消逝得很快,仿佛没有出现过,影响甚微。有的人的主导心境总是积极的、愉悦的,而有的人总是处于一种消极的、沉闷的心境。

(4)性格的理智特征。性格的理智特征是指个体在认知过程中表现出来的性格特征,包括感知、记忆、思维、想象等方面的特征。在感知方面表现出来的性格特征有主动观察型和被动感知型,罗列型和概括型等;在记忆方面表现出来的性格特征有主动记忆型和被动记忆型,主观形象记忆型和逻辑思维记忆型等;在想象方面表现出来的性格特征有主动想象型和被动想象型,幻想型和现实主义型,大胆想象型和想象受限型等;在思维方面表现出来的性格特征有独立思考型和跟从模仿型,分析型和综合型等。

在性格特征的4个方面中,性格的态度特征最为重要。它直接展示了个体对事物的稳定的倾向性,在很大程度上影响着其他3个性格特征的养成。性格的4个方面的特征也并不是简单的堆积,而是相互联系、相互制约的。在人的社会活动中,各种特征通过不同的组合方式展现出人独有的性格色彩。

三、性格与气质

性格与气质都是描述个体典型行为的个性心理特征,两者既有区别,又有联系。

(1)性格与气质的区别。首先,性格是后天的,而气质是先天的。性格是在后天的社会环境中形成的,具有很强的社会性,而气质主要是受神经系统特点影响,发生在个体生命历程的早期;其次,性格的可塑性较大,环境对性格的塑造很明显,变化也快,而气质可塑性较小,变化也慢;最后,性格具有社会评价系统,有善恶好坏之分,而气质本身却无好坏之分。

(2)性格与气质的联系。首先,气质会使性格特征具有某种独特的色彩。同样是帮助他人,多血质的人可能会热情地与人沟通交流,而黏液质的人可能不动声色地去行动。其次,气质较性格出现得更早,气质影响个体性格的形成。最后,性格对气质有制约作用。根据从事职业或社会规范的要求,个体性格在一定程度上可能会掩盖本身的气质类型。

读书笔记

读书笔记

拓展阅读

一位男旅客登机后，指着一个大件行李叫道："小姐，你把我这个行李放到行李架上去。"男空乘人员小李听到后，走过来，脸部表情非常不悦地说："你这个男人，叫人家女士拿行李，拿得动吗？"男旅客一听，非常生气："你凭什么教训我！"说完一把抓住小李的衣领，冲突一触即发。

分析与讨论：
1. 请分析一下男空乘人员小李可能的气质类型。
2. 你觉得小李做得对不对，并说明理由。

任务三　旅客个性特征与服务策略

一、旅客气质差异与服务

气质是人稳定的心理特征之一，对人的行为活动存在一定的影响，作为一名空乘人员，应该掌握旅客的不同气质类型特征，进行针对性服务，提高服务质量。人的心理特征主要是通过人的行为举止表现出来的，这就要求空乘人员要有敏锐的观察、洞察能力，通过人的情绪、言语、肢体行为，捕捉旅客的气质类型特点。

1. 多血质类型旅客

多血质类型旅客通常是活泼好动的，善于交谈，喜欢与人交往。为多血质类型旅客服务时应注重交谈的互动性，不仅是交谈，还应主动为其提供更多的信息。要注意该类旅客有好动和好奇心很强的特点，在介绍机上应急设备使用时，一定告知其在正常情况下不要去触碰，以免造成事故。要解决与多血质类型旅客矛盾时，应利用该类旅客注意力容易转移的特点。例如，在提供饮料时，多血质类型旅客想要喝冰红茶，但是机上并没有提供该类饮料，可以通过转移注意力的方式，告诉他机上有提供热茶，并将茶的特点描述给他听。通常，多血质类型旅客是愿意尝试新鲜事物的，变通性较强。多血质类型旅客情绪一般明显外露，空乘人员容易直观地感受到旅客的情绪状态，旅客是高兴或不高兴，满意或不满意，空乘人员可以根据旅客情绪调整自己的服务策略。

微课：旅客个性特征与服务策略

2. 胆汁质类型旅客

胆汁质类型旅客最大的一个特点就是脾气急躁、容易冲动、难以自制。胆汁质类型旅客在行为表现上很明显，在与人交流中，这类旅客一般语速较快，伴有肢体语言，情绪外露，在等待时间较长时会表现得没有耐心，很急躁。因此，在为胆汁质类型旅客服务的过程中，空乘人员一定要注意自己的服务态度和情绪控制。因为，很可能因为一个不经意的举动，触发到该类旅客的冲动点，激怒到对方，从而引发矛盾。

3. 黏液质类型旅客

黏液质类型旅客通常表现得安静、稳重，没有多大的情绪变化，正是因为这些特点，空乘人员往往不太清楚这类旅客到底在想什么、要什么，得不到一个正确的反馈，不知道旅客对服务是否满意。因此在为该类旅客服务时，首先，应注意严格按照服务的流程进行，进行适当的关心，切忌过度打扰；其次，黏液质类型旅客是善于忍耐的，就算对服务很不满意，他们可能在心里默默地想，也不会有太多的言语表现，但很可能他以后不会再选乘该航空公司的航班，因此，空乘人员在服务中应注重细节。

4. 抑郁质类型旅客

抑郁质类型的旅客让人感觉很孤僻、不交流，可能在座位上长时间保持一种姿势不变换，但是他们很敏感。空乘人员面对该类型旅客服务时应该注意的是，不要过度关注他们，不要盯着他们看，表现得随意一点，以免导致他们不自在。

二、旅客性格差异与服务

空乘人员要想在很短的时间内对旅客的性格做出精准的判断，就需要在工作中总结经验、细微观察，可以通过对旅客衣着特点、行为表现及情绪特征来实现。以下主要从几种典型性格特征来分析如何更好地为旅客服务。

1. 活泼型旅客

活泼型旅客最大的特点是外向、大方，待人热情，情感外露，喜欢与人打交道，常给人一种亲和、开朗、健谈和好相处的感觉。空乘人员在为这类旅客服务时，一般应主动表现出热情和礼貌，形成良好的第一印象。有了好的开始，接下来的服务就会很容易被认可。在遇到需解决的问题时，需要把握这类旅客善交流和情绪外显的特征，应多与之沟通交流，观察其表情变化，则问题会变得简单且好处理。

读书笔记

读书笔记

2. 急躁型旅客

急躁型旅客做事的风格就是要快、稳健，而且常常以自己内心的时间尺度为标准。该类旅客表现为讲话速度快，做事说干就干，希望任何事情都能以最快的速度解决。一旦感觉拖拉，就会出现急躁和不满的情绪，甚至存有肢体语言。对待急躁型旅客，切忌拖泥带水，一定有事说事，在最短时间内解决问题。对于该类旅客而言，一旦事情被及时得当地处理，情绪很容易安抚，对空乘人员的态度比较容易改变，因为他们属于心直口快、说完就忘的人群，一般不太记仇，比较大度。

3. 自大型旅客

自大型旅客最大的特点是认为自己是最了不起的人，认为自己做的事是正确的，瞧不起别人，听不进建议。为这类旅客服务时应注意一定要顺从，在正常范围内，满足他的要求，不要和他争论，一旦争论，将会变得无休无止。

4. 不在乎型旅客

不在乎型旅客最大的特点是"无所谓"，没有特别的要求。这类旅客是比较好服务的类型，也是比较难服务的类型。首先，这类旅客可能不太有组织纪律性，不受约束；其次，在餐食服务时，乘务员可以进行推荐，该类旅客不会提出太多要求，容易满足。

5. 健忘型旅客

健忘型旅客很容易忘掉自己问过的事情，可能会反复询问相同的问题，很容易让空乘人员感到不耐烦。在为该类旅客服务时，一定要展现出专业素养、认真和耐心，甚至是主动提醒。

知识拓展

性格的分类

（1）按心理过程的优势方面分类。

1）理智型。以理智来衡量一切并支配行动。

2）情绪型。情绪体验深刻，行为主要受情绪影响。

3）意志型。有较明确的目标，意志坚定，行为主动。

（2）按心理活动的指向性分类。

1）内倾型。重视主观世界，常沉浸在自我欣赏和幻想之中，仅对自己有兴趣，对别人或外界事物则冷淡或看不起。

2）外倾型。重视客观世界，对客观的事物及人都感兴趣。

通常，人们将内倾型称为内向，外倾型称为外向。

心理测试

你的性格是外向还是内向？

下面是一组帮助你了解自己性格内/外向情况的自我测试题，请根据自己的实际情况，做出"是"或"否"的判断。

1. 别人是可以信任的。
2. 安静的环境和安闲的生活比热闹繁华更让人满意。
3. 在大庭广众的注目下工作，对我来说并不是一件难事。
4. 集体活动没意思，还不如一个人在家休息。
5. 我不常分析自己的思想和心理活动。
6. 我考试时若老师站在一边，我的思路就会大受影响。
7. 如果是做自己擅长的事，我愿意有别人在旁边观看。
8. 我是一个勤俭节约的人。
9. 我的喜怒哀乐别人能感觉到。
10. 我愿意与别人保持通信联系。
11. 我是一个不拘小节的人。
12. 我有记日记的习惯。
13. 我和与自己观点不同的人也能相处得来。
14. 除非是极熟悉的人，我是不轻易信任他人的。
15. 我喜欢读书、钻研问题。
16. 我喜欢反思过去、反省自己。
17. 我喜欢常常变换生活环境和游戏方式。
18. 我不喜欢在群体中高谈阔论。
19. 我喜欢标新立异，敢于与众不同。
20. 我凡事三思而后行。

计分方法：分别统计奇数题号和偶数题号回答中肯定回答（"是"）的数目。

结果分析：奇数题号的题目如果回答"是"，表现了个体性格中的外向成分。偶数题号的题目如果回答"是"，表现了个体性格中的内向成分。

考察自己奇数、偶数两组题目肯定回答的多少，进行比较。奇数题号回答"是"的题目明显偏多，说明你是外向性格；如果偶数题号回答"是"的题目明显偏多，说明你是内向性格；如果两者差不多，说明你是中间型性格。

结果反思：内向、外向性格并无好坏之分，各有优劣势，过于外向或者过于内向，都会给你的生活带来不便或者麻烦，既能向外界充分表达自己的心声，又能安心和自己相处，才是内心与外界相平衡的表现。想一想，你在哪些方面需要提升呢？

读书笔记

项目小结

1. 个性是指一个人精神面貌的总和，是在个人遗传素质的基础上，通过个人独一无二的成长经历形成和发展的，反映出不同个体之间稳定的差异性特征。
2. 个性的基本特征包括稳定性、独特性、倾向性、整体性、生物性和社会性。
3. 气质是指人生来便已具有的某种稳定的心理活动的动力特征。
4. 气质的类型包括胆汁质、多血质、黏液质和抑郁质 4 种。

思考与练习

1. 举例说明不同气质类型的空乘人员的心理特点。
2. 请简要分析在民航服务工作过程中，针对不同气质类型的旅客，空乘人员应该怎样对待。

项目六　旅客的情绪和情感

通过本项目的学习，能够了解情绪和情感的概念及关系，熟悉情绪和情感的特征和功能，掌握旅客情感和情绪的影响因素。

通过本项目的学习，能够根据旅客情绪和情感的表现分析对其心理与行为的影响；能够掌握旅客情绪和情感的调控技巧。

通过本项目的学习，学会运用情绪调控的方法，提高自身的心理素质；化解旅客的不良情绪，提高民航服务质量。

他人的情绪会影响你吗？

案例导入

奥凯航空延误航班客舱中幸福的歌声在飘扬

2014年6月20日,由于北京空域流量控制,天津滨海国际机场有数十个航班延误,不得不在地面排队等待,奥凯航空BK2853次航班就是其中之一。可是在BK2853次航班上,没有抱怨、没有焦虑、没有叫喊,有的是一曲曲动听的歌声、一段段热烈的掌声和一阵阵欢快的笑声……这是怎么回事呢?原来,在这个航班上,在乘务长向旅客解释航班不能起飞的原因,并为旅客提供了周到、温馨的餐食服务之后,有几位阿姨主动站了出来,请大家不要激动,不要烦躁,她们愿意为大家演唱动听的歌曲来缓解焦躁的心情,和大家一起度过一段特殊的、温馨的欢乐客舱时光。阿姨们来自天津的一个中老年业余合唱团,一起搭乘本次航班去张家界旅行。虽然已是夜晚,但在奥凯航空BK2853次这个延误不能起飞的航班上,似乎有了一抹阳光般的温暖,充满了理解、和谐、温馨的正能量,怎能不叫人感动?

【案例思考】

1. 什么是情绪?情绪有何特点?
2. 为什么会出现如此和谐的一幕?旅客情绪变化的原因是什么?对旅客行为产生了什么影响?
3. 这个真实的故事给民航服务工作带来什么启示?

任务一　情绪和情感的一般知识

一、情绪和情感的概念及构成

1. 情绪和情感的概念

情绪是人对客观事物是否符合自身需要而产生的态度体验。情感是情绪的高级形式，侧重对社会性需要是否得到满足而出现的态度的反映。情绪和情感统称为感情。同认识活动一样，情绪和情感都是人脑对客观现实的反映，只不过反映的内容和方式上有所不同。认识活动反映的是客观事物本身，包括事物的过去、现在和将来，以及它们的外部特征和内在联系。而情绪和情感反映的是一种主客体的关系，是作为主体的人的需要和客观事物之间的关系。

情绪和情感两个词经常通用，在某些场合它们所表达的内容也有区别，但这种区别是相对的。人们常把短暂而强烈的具有情景性的感情反应看作情绪，如愤怒、恐惧、狂喜等；而把稳定而持久的、具有深沉体验的感情反应看作情感，如自尊心、责任感、热情、亲情等。实际上，强烈的情绪反应中有主观体验，而情感也在情绪反应中表现出来。通常，情感的外部表现又称为表情，人的表情丰富多彩，形形色色，如图 6-1 所示。

▲ 图 6-1　人的表情

微课：情绪和情感的一般知识

2. 情绪和情感的构成

情绪和情感的构成一般包括认知层面上的主观体验、生理层面上的生理唤醒、表达层面上的外部行为 3 个层面。情绪和情感产生时，这 3 个层面共同活动，构成一个完整的情绪和情感体验过程。

（1）认知层面上的主观体验。情绪的主观体验是人的一种自我觉察，是人脑的一种感受状态。人们对不同事物的态度会产生不同的感受，这些感受只有通过个人内心才能真正感受到。

（2）生理层面上的生理唤醒。人在情绪反应时常常会伴随着一定的生理唤醒，这是一种内部的生理反应过程。

（3）表达层面上的外部行为。情绪产生时，会出现一些外部反应过程，情绪所伴随出现的身体姿态和面部表情，就是情绪的外部行为。这种情绪的外部行为即成为人们判断和推测情绪的外部指标。

二、情绪和情感的分类

1. 情绪的分类

（1）按情绪内容划分，可分为基本情绪和复合情绪。

1）基本情绪。基本情绪与基本需要相联系，具有明显的遗传性质，是不学就会的，它们常常具有较高的紧张性。近代研究认为，快乐、愤怒、恐惧和悲哀是人类最基本、最原始的 4 种情绪。

2）复合情绪。复合情绪是由基本情绪的不同组合派生出来的，如由愤怒、厌恶和轻蔑组合起来的复合情绪叫作敌意；由恐惧、内疚、痛苦和愤怒组合起来的复合情绪叫作焦虑等。

（2）按情绪发生的速度、强度和持续时间长短的不同来划分，可将情绪分为心境、激情和应激 3 种。

1）心境。心境是指一种深入持久、比较微弱的情绪状态，具有渲染性和弥散性的特点，通常叫作心情。心境并不是对某一事件的特定体验，而是以同样的态度对待所有的事件，让所遇到的事件都产生和当时的心境同样的色调。

2）激情。激情是一种强烈的、爆发式的、持续时间较短的情绪状态，具有明显的生理反应和外部行为表现。激情的发生常常具有明显和突出的原因和指向性。例如，亲人突然逝世后的极度悲伤，获得重大成功后的狂喜及惨败后的绝望等，都是激情状态。

3）应激。应激是在出现意外事件和遇到危险情景的情况下所出现的高度紧张的情绪状态，是个体的一种适应性反应。比如，司机在驾驶汽车途中遇到危险情境的反应。应激状态改变了机体的激活水平，生理系统会发生明显的变化，如肌肉紧张、心率加快、呼吸变快、血压增高、血糖值升高等，从而增加机体活动能量，以应付紧急情景。

2. 情感的分类

情感是人类特有的、与社会性需要相联系的体验，它反映着人们的社会关系和生活状况，具有明显的社会历史性。

（1）情感的基本形式。情感的基本形式是爱与恨。

1）爱：即对人或某种事物充满持久的好感、较好的亲和力和依恋之情。

2）恨：即对人或某种事物的反感和厌恶所引起的不良情绪反应。

（2）社会性情感。社会性情感是人与社会联系时产生的复杂而高级的情感，它是人在遵守社会道德规范，对人类智慧和文化的需要及为社会创造价值等一系列活动中的情感体验，包括道德感、理智感和美感。

1）道德感。道德感是按照一定的道德标准评价人的思想、观念和行为时所产生的主观体验。如果自己或他人的思想和行为符合道德规范的要求，就会产生肯定的道德体验，引起心安理得或尊敬的情感。反之，则产生否定的道德感，如蔑视、痛苦或愧疚等。道德感总是受社会生活条件的制约，有鲜明的历史性和阶级性。

2）理智感。理智感是人对认识活动成就进行评价时所产生的情感。例如，对未知事物的好奇心、求知欲和认知的兴趣；在解决问题过程中表现出来的怀疑、自信、惊讶，以及问题解决时的喜悦等都是理智感。理智感对人们学习知识、认识事物发展规律和探求真理的活动有着积极的推动作用。例如，好奇心是探索真理的源泉，但凡善于发明创造的人都是具有强烈好奇心的人。

3）美感。美感是按照一定的审美标准对自然和社会中各种事物进行评价时所产生的情感体验。美感一般在人欣赏艺术品、自然景物和社会的某些和谐现象的过程中产生，如"桂林山水甲天下"就是这种人类共同美感的写照。优美的自然环境可以陶冶人的情操；善良、纯朴的人格特征，公正无私、舍己救人的高贵品质给人以美的感受；奸诈狡猾、徇私舞弊、损人利己的行为则让人厌恶和憎恨。

三、情绪和情感的基本特征

情绪和情感的基本特征包括两极性、感染性、扩散性和非理性4个方面。

1. 两极性

情绪和情感不同于其他心理过程的一个重要性质是其两极性，即每一种情绪和情感都能找到与之对立的情绪和情感。情绪和情感的两极性特点主要表现在以下4个方面：

（1）在动力性上表现为增力和减力两极。一般来讲，满足需要的肯定的情绪、情感都是积极的，可以明显地提高人的活动能力，起着"增力"

读书笔记

作用。"人逢喜事精神爽"指的就是这类积极的体验。不能满足需要的否定的情绪、情感都是消极的，如由悲哀引起的忧郁会削弱人的活动能力，起着"减力"作用。

（2）在紧张度上表现为紧张与轻松两极。紧张度是指心理和生理冲动的强弱。情绪的紧张程度依赖于情景的紧迫程度和个体的心理准备和应变能力。在客观情况十分紧急或关键的时刻，人们往往会感到紧张，不知所措，甚至身上发抖。例如，参加高考之前，学生常常有考试焦虑的紧张情绪；但高考过后，学生一般会有轻松的情绪。

（3）在激动度上表现为激动与平静两极。人的情绪可以是非常激动的，或者是由喜悦和感激而激动、狂喜，或者是由生气和埋怨而愤恨、激怒。所谓激动，是指在短暂的时间内猛烈而爆发性的情绪状态。情绪激动对人的行为影响是复杂的，它可以推动人的行为，也可以阻碍人的活动，如激动得说不出话来。不仅如此，情绪还会在激动水平上显示出差异，并对情绪的快感程度产生影响，如肯定的、愉快的情绪在激动时就是狂喜，快感十足；肯定的、愉快的情绪在平静时就是恬淡的欣喜，快感降低。

（4）在强度上表现为强和弱两极。各类情绪和情感的强弱是不一样的。例如，怒由弱到强分为微怒、愤怒、暴怒和狂怒，喜欢由弱到强的变化是好感、喜欢、爱慕、热爱和酷爱。情绪和情感的强度既与引起情绪和情感的事件对人的意义大小有关，也与人的目的和动机强度有关。由于情绪和情感多种多样的两极性及两极之间的不同程度变化，才产生了各种复杂、易变的情绪和情感。多种情绪的两极并不是绝对互相排斥的，它们可以在一定条件下互相转化，如"乐极生悲""破涕为笑"等。

2. 感染性

人的情绪和情感具有很强的感染性，不仅影响自身的身心状态，还会感染他人。在人际互动中，人们很容易受到对方情绪的感染，产生相应的情绪体验。积极的情绪向人们传递的是愉快、接纳、满意、肯定等信息，会使对方心情愉快；消极的情绪向人们传递的是不悦、排斥、拒绝、不满、否定等信息，往往会使对方感到压抑。人们之间的感情的沟通也正是由于情绪和情感的感染功能，才能以情动情。在现实工作和生活中，一些旅客不善于把握和控制自己的情绪，愤怒时，常常怒气冲天，甚至出言不逊，致使周围的人受到伤害；而案例导入中描述的航班上旅客的心情原本因延误非常不满和焦虑，后因歌声所营造的快乐气氛，旅客的心情也变得快乐起来。

3. 扩散性

情绪和情感的扩散性包括内扩散和外扩散。内扩散是指情绪和情感在主体自身的扩散，表现为主体对某一对象产生的某种情绪、情感体验，影响主体对其他对象也产生同样的情绪体验；外扩散是指一个人的情绪、情感影响到别人，使别人也产生相同的情绪、情感的状况，又称为情绪、情感的感染性。一个人的情绪或心境，在与别人的交往过程中，通过语言、动作、表情影响到别人，引起情绪上的共鸣。

4. 非理性

情绪和情感的非理性表现是它的第三显著特征。这是因为人的任何情绪反应都会与神经活动密切相关，也就是说，人无论产生什么样的情绪，都有相应的神经活动与之伴随。例如，情绪科学研究已经发现，丘脑、边缘系统及其相邻部位存在着主导积极情绪和消极情绪的神经中枢，即称为"愉快中枢"和"痛苦中枢"。这种相对立的生理机制的发现，为解释情绪和情感的两极性提供了依据。例如，快乐的时候，人的这些器官将分泌出一种物质，使人感觉到轻松、快乐，科学家将其称为"快乐因子"；当人烦闷时，也会分泌出一种物质，使人感觉到压抑、沉重，科学家将其称为"痛苦因子"。这就是为什么"人逢喜事精神爽、闷上心来瞌睡多"的原因。由于这些"因子"的分泌是人的自主神经活动和体内激素分泌的结果，它们并不受意识的控制，所以带有明显的本能反应特征。正因为这种非理性的本能反应特征，人的情绪才像一匹烈马那样"难以驾驭"，人才会表现出一些连自己都吃惊且难以相信的非理智行为。

四、情绪和情感的功能

1. 信号功能

情绪和情感具有传递信息、沟通思想的功能。情绪和情感的外部表现是表情。表情具有信号传递作用，属于一种非言语性交际，人们可以凭借一定的表情来传递情感信息和思想愿望，达到沟通，互相交往的目的，如微笑表示友好，点头表示同意等。表情比语言更具生动性、表现性、神秘性和敏感性。心理学家研究后发现，在日常生活中，55%的信息是靠非言语表情传递的，38%的信息是靠言语表情传递的，只有7%的信息才是靠言语传递的。特别是在言语信息暧昧不清时，表情往往具有补充作用，人们可以通过表情准确而微妙地表达自己的思想感情，也可以通过表情去辨认对方的态度和内心世界。

2. 适应功能

情绪和情感是有机体生存、发展和适应环境的重要手段。有机体通过情绪和情感所引起的生理反应能够发动其身体的能量，使机体处于适宜的活动状态，便于其适应环境的变化。人的情绪最初就是为了适应生存而发展起来的，从一些高等动物如猿猴喜、怒、哀、乐的基本情绪来看，就是在生存适应中发展分化出来的。吃饱了，有了同伴，就产生肯定愉快的情绪；反之，当有外敌入侵、失去同伴、威胁生存的现象出现时，就会产生

读书笔记

恐惧、发怒或悲哀等否定情绪。同时，情绪和情感还可以通过表情表现出来，以便得到别人的同情和帮助。例如，在危险的情况下，人的情绪反应使机体处于高度紧张的状态，身体能量的调动可以让人进行搏斗，也可以呼救，求得别人的帮助；人们可以通过察言观色了解对方的情绪状态，以利于决定自己的对策，维护正常的人际关系。

3. 动机功能

情绪和情感是动机的源泉之一，是动机系统的一个基本成分。它可以驱动有机体从事活动，提高人的活动的效率。一般来说，内驱力是激活有机体行动的动力，但是情绪和情感可以对内驱力提供的信号产生放大和增强的作用，从而能更有力地激发有机体的行动。因此，适度的情绪兴奋，可以使身心处于活动的最佳状态，进而推动人们有效地完成工作任务。研究表明，适度的紧张和焦虑能促使人积极地思考和解决问题。情绪和情感的动机作用还表现在对认识活动的驱动上。认识的对象并不具有驱动活动的性质，但是兴趣可以作为认识活动的动机，起着驱动人的认识和探究活动的作用。

4. 组织功能

情绪和情感是一个独立的心理过程，有自己的发生机制和发生、发展的过程。对其他心理活动具有组织的作用。大量研究表明：积极的情绪和情感对活动起着协调和促进的作用；消极的情绪和情感对活动起着瓦解和破坏的作用。这种作用的大小还与情绪和情感的强度有关。一般来说，中等强度的愉快情绪有利于人的认识活动和操作的效果；痛苦、恐惧这样的负性情绪则降低操作的效果，而且强度越大，效果越差。情绪和情感对行为的影响还表现在，当人处于积极的情绪状态时，容易注意事物美好的一面，在行为上愿意接纳外界的事物，态度变得和善，也乐于助人，勇于承担重任；在消极情绪状态下，人看问题容易悲观，懒于追求，而且更容易产生攻击性行为。

5. 保健功能

情绪和情感对一个人的身心健康具有增进或损害的效能。良好的情绪和情感状态能使中枢神经活动处于最佳状态，保证体内各系统活动的协调一致，充分发挥机体的潜能，使机体的免疫系统和体内化学物质处于平衡状态，增强对疾病的抵抗力，提高脑力劳动和体力劳动的效率，有利于保持身心健康；不良的情绪和情感状态的长期存在，使人惶惶不可终日，使由情绪引起的生理变化久久不能复原，降低人体抵抗细菌和其他引发疾病因素的能力，对人的身心健康造成损害。《黄帝内经》中就有"怒伤肝，喜伤心，思伤脾，忧伤肺，恐伤肾"的记载。疾病与人的情绪失调有关，如溃疡、偏头痛、高血压、哮喘、月经失调等。癌症的发生也与长期心情压抑有关。一项长达30年的关于情绪与健康关系的追踪研究发现，年轻时性情压抑、焦虑和愤怒的人患结核病、心脏病和癌症的比例是性情沉稳的人的4倍。所以，积极而正常的情绪体验是保持心理平衡与身体健康的条件。

心理测试

你的情绪稳定吗?

测试题中的每道题都有 3 个答案可供选择,请根据自己的情况选择最接近的 1 个答案。

1. 看到自己最近一次拍摄的照片,你有何想法?
   A. 觉得不称心　　B. 觉得很好　　　　C. 觉得可以
2. 你是否会想到若干年后会有什么使自己极为不安的事?
   A. 经常想到　　B. 从来没有想到过　　C. 偶尔想到过
3. 你是否被朋友、同事、同学起过绰号、挖苦过?
   A. 这是常有的事　B. 从来没有　　　　C. 偶尔有过
4. 你上床以后,是否经常再起来几次,看看门窗是否关好,煤气是否关好等?
   A. 经常如此　　B. 从不如此　　　　C. 偶尔如此
5. 你对与你关系最密切的人是否满意?
   A. 不满意　　　B. 非常满意　　　　C. 基本满意
6. 你在半夜的时候,是否经常觉得有什么值得害怕的事?
   A. 经常　　　　B. 从来没有　　　　C. 极少
7. 你是否经常因梦见什么可怕的事而惊醒?
   A. 经常　　　　B. 没有　　　　　　C. 极少
8. 你是否曾经有多次做同一个梦的情况?
   A. 有　　　　　B. 没有　　　　　　C. 记不清
9. 有没有一种食物使你吃后呕吐?
   A. 有　　　　　B. 没有　　　　　　C. 记不清
10. 除了看见的世界外,你心里有没有另一种世界?
    A. 有　　　　　B. 没有　　　　　　C. 记不清
11. 你心里是否时常觉得你不是现在的父母所生?
    A. 时常　　　　B. 没有　　　　　　C. 偶尔有
12. 你是否曾经觉得没有一个人爱你或尊重你?
    A. 是　　　　　B. 否　　　　　　　C. 说不清
13. 你是否常常觉得你的家人对你不好,但是你又确知他们的确对你好?
    A. 是　　　　　B. 否　　　　　　　C. 偶尔
14. 你是否觉得没有人十分了解你?
    A. 是　　　　　B. 否　　　　　　　C. 说不清楚
15. 你在早晨起床的时候最经常的感觉是什么?
    A. 忧郁　　　　B. 快乐　　　　　　C. 说不清楚

读书笔记

16. 每到秋天，你经常有的感觉是什么？
    A. 秋雨霏霏或枯叶遍地
    B. 秋高气爽或艳阳天
    C. 不清楚
17. 你在高处的时候，是否觉得站不稳？
    A. 是   B. 否   C. 有时是这样
18. 你平时是否觉得自己很强健？
    A. 是   B. 否   C. 不清楚
19. 你是否一回家就立刻把房门关上？
    A. 是   B. 否   C. 不清楚
20. 你坐在小房间里把门关上后，是否觉得心里不安？
    A. 是   B. 否   C. 偶尔
21. 当一件事需要你做决定时，你是否觉得很难？
    A. 是   B. 否   C. 偶尔
22. 你是否常常用抛硬币、玩纸牌、抽签之类的游戏来测凶吉？
    A. 是   B. 否   C. 偶尔
23. 你是否经常因为碰到东西而跌倒？
    A. 是   B. 否   C. 偶尔
24. 你是否需用一个多小时才能入睡或早醒一小时？
    A. 经常这样   B. 从不这样   C. 偶尔这样
25. 你是否曾看到、听到或感觉到别人觉察不到的东西？
    A. 经常这样   B. 从不这样   C. 偶尔这样
26. 你是否觉得自己有超越常人的能力？
    A. 是   B. 否   C. 不清楚
27. 你是否曾经觉得因有人跟着你走而心里不安？
    A. 是   B. 否   C. 不清楚
28. 你是否觉得有人在注意你的言行？
    A. 是   B. 否   C. 不清楚
29. 当你一个人走夜路时，是否觉得前面潜藏着危险？
    A. 是   B. 否   C. 偶尔
30. 你对别人自杀有什么想法？
    A. 可以理解   B. 不可思议   C. 不清楚

分数计算： 以上各题选A得2分，选B得0分，选C得1分。请你为每题算分，并将各题得分相加算出总分。

测试分析：

0～20分，表明你情绪稳定，自信心强，具有较强的美感、

项目六 旅客的情绪和情感

道德感和理智感。你有一定的社会活动能力，能理解周围人们的心情，可以顾全大局。你一定是一个个性爽朗、受欢迎的人。

21~40分，表明你的情绪基本稳定，但较为深沉，对事情的处理过于冷静，处事淡漠消极，不善于发挥自己的个性。你的自信心受到压抑，办事热情忽高忽低，瞻前顾后，踌躇不前。

41分以上，表明你的情绪极不稳定，日常烦恼太多，经常使自己的心情处于紧张和矛盾之中。如果得分在50分以上，则是一种危险信号，务必请心理医生做进一步诊断。

任务二　情绪和情感与民航服务工作

一、旅客情绪的表现类型

1. 服务正常时旅客的情绪表现

当民航服务情况正常时，旅客的情绪主要表现为平静和兴奋。

（1）平静。平静的情绪常常出现在那些经常乘坐飞机的旅客身上。

（2）兴奋。一些旅客因对即将展开的旅行产生良好的期望而兴奋不已，尤其是那些第一次坐飞机的旅客，他们不仅兴奋，而且充满好奇，有时还会由于这种兴奋与好奇给民航服务带来麻烦，如动手触摸了不应该触摸的仪器设备而导致飞机不能正常起飞。

2. 服务不周而引发的旅客情绪表现

引发旅客不良情绪的最主要原因是航班延误。坐飞机出差或旅行探亲的旅客，往往是为了赶时间。多花些钱就是为了节约时间，而飞机晚点会导致花钱买不到时间。某些情况下，航班延误会导致乘飞机比坐汽车还慢。在这种候机等待的过程中，旅客存在各种各样的心理状态，不同心态的旅客往往有不同的行为表现和不同的目的要求。旅客此时的情绪大致可分为以下几种表现：

（1）激动。当民航服务没有达到预期的期望，旅客难免激动，在激动情绪的影响下，一些旅客有可能会采取一些过激的行为，如冲击柜台、殴打空乘人员、破坏设备等。

（2）焦虑。由于航班延误，不能够按时到达目的地，所有的计划都会被打乱，并且"飞机何时才能起飞""需要等待多少时间""告诉还是不告诉家人来接"等问题都困扰着旅客，焦虑的情绪随着航班延误的继续在

读书笔记

逐步上升。

（3）怀疑。由于自己的行程被打乱，而打乱的原因对旅客而言又是那样不确定，旅客此时就会对有关部门告之的延误理由持怀疑态度。对于旅客，天气原因导致的航班延误是可以理解的，但是他们怀疑"航空公司和机场没有给旅客提供真实的信息"，这是许多旅客在遭遇航班延误时经常说的一句话。

（4）愤怒。航班延误已经令旅客烦恼不堪了，若在这种情况下，航空公司和机场再对其闪烁其词或不理不睬时，旅客的愤怒可想而知。而且个别旅客因过于情绪化，有的谩骂机场工作人员，有的毁坏机场设施设备，还有的带领其他旅客闹事，更有甚者还阻止其他旅客登机。

（5）冷静。这是成熟的、素质较高的旅客的正常心态，他们通常能够理解航班延误并且能够接受这一事实，因此，也可以很冷静地对待航班延误。但是，如果长时间地冷落或者粗鲁地对待这种旅客，他们也往往会选择事后投诉的方式来表达自己的不满。

二、旅客情绪和情感的影响因素

在民航服务过程中，旅客的情绪和情感受到多重因素影响。掌握这些影响因素是调控、激发旅客情绪和情感的关键。

1. 旅客的需要满足

影响旅客情绪和情感的首要因素是旅客的需要是否得到了满足。旅客的需要是否获得满足，决定着旅客的情绪和情感的性质是肯定还是否定。如果能满足旅客已激起的需要或能促进这种需要得到满足的民航服务，便引起他们肯定的情绪，如满意、愉快、喜爱、赞叹等；相反，凡是不能满足旅客的需要或可能妨碍其需要得到满足的事件，如飞机延误、托运货物受损、饮食不合口味，都会引起旅客否定的情绪，如不满意、愤怒、憎恨等。

2. 旅客的认知特点

由于旅客的情绪总是伴随着一定的认识过程而产生，因此，同一空乘人员的行为，由于旅客个体认知上的差异，对其评估也可能不同：如果将它判断为符合自己的需要，就产生肯定的情绪；如果把它判断为不符合于自己的需要，就会产生否定的情绪。同一个旅客在不相同的时间、地点和条件下对同一民航服务的认知、评估可能不同，因此而产生的情绪和情感也存在一些差异。

3. 旅客的归因方式

旅客不同的归因会引发不同的情绪和情感。例如，在民航服务中由于环节过多，出现服务缺陷往往无法完全避免。对于民航服务缺陷，如果旅

微课：情绪和情感与民航服务工作

客将其归因于外部不可控的原因（恶劣的天气即通常所说的"不可抗力因素"），旅客相对来说更容易被唤起同情和感激等类似的情感，一般不会产生不满意、不愉快和挫折感；但如果旅客认为民航服务缺陷的产生是内部可控的（如机场安排的空乘人员经验不足，很容易导致旅客愤怒、生气的情绪体验）。因为这种归因牵涉对民航服务企业和个人的责任感、道德操行的推断。当旅客对民航服务缺陷进行可控的外部归因时，往往对民航服务的形象具有很大的破坏性，不仅导致旅客以后回避该企业提供的服务，而且会导致旅客采取系列手段主动讨回"公道"。

4. 团体及人际关系

一个团队中的成员之间如果心理相容，互相信任，团结和谐，就会使人心情舒畅，情绪积极；如果互不信任，彼此戒备，则会随时都处于不安全的情绪之中。在人际交往中，尊重别人、欢迎别人，同时也受到别人的尊重和欢迎，就会产生亲密感、友谊感。

5. 旅客的身体状况

身体健康、精力旺盛，是产生愉快情绪的原因之一，过度疲劳或身心健康欠佳，容易产生不良情绪。因此，空乘人员应该随时注意旅客的身心状态，使其保持积极愉悦的情绪。

三、旅客的情绪和情感对其心理与行为的影响

人是情感性的动物，旅客的情绪和情感状态在很大程度上决定着他们的动机和态度。同时，旅客的情绪状态对于民航服务过程中的人际关系、心理氛围及服务效率都存在巨大的影响。

1. 情绪和情感影响旅客动机与态度

旅客接受民航服务主要是出于旅游、商务和探亲等外出活动而引发的运输服务需要。从本质上看，旅游外出是为了寻求一种"好"的感受，去掉一些日常生活中"不好"的感受。因此，旅客的情绪和情感需要强烈影响着他们的外出动机，旅客的情绪状态是其外出动机最直接的制约因素。旅客的情绪状态对其旅游动机的影响是加强还是削弱，取决于他们在旅游途中体验到的情绪是正面还是负面。一般来说，某次愉快的民航服务经历会让旅客再次接受服务的动机加强，而由不愉快的民航服务经历引发的消极情绪可能会让他们在相当长的时间内拒绝接受民航服务。

旅客态度是指旅客以肯定或否定的方式评价某些人、事、物或状况时具有的一种心理倾向。人们在做出这样的评价时，往往会受到当时的情绪状态和情绪体验的影响。而旅客的情绪体验也会影响他们的态度。例如，当旅客在接受服务过程中心境不错的时候，他们就更可能对空乘人员做出肯定的评价。反之，就会做出不满意的评价。

读书笔记

2. 情绪和情感影响旅客行为与活动效率

心理学研究表明，人的情绪、情感状态会影响人们的活动效率。在激情状态下，旅客的理性分析能力减弱，往往不能约束自己的行为，不能正确评价自己行为的意义和后果，具有很强的冲动性。过激行为在客舱中时有发生：旅客因争抢行李架而发生肢体冲突；因单通道或飞机过道较窄，旅客难免会因碰撞而导致事态升级……这些小的冲突一旦失控，不但会影响其他旅客休息，导致客舱秩序混乱，而且如果事态升级，也有可能吸引其他旅客围观而影响飞机平衡，威胁到飞行安全。而近年来，因天气原因引起的航班延误现象不断增多，以使旅客在长时间的等待过程中出现心情焦虑、烦躁。因缺乏信任，相当数量的延误纠纷由于各种原因被激化，旅客往往将心中的不满情绪发展为争吵、斗殴，甚至升级为旅客罢乘、占机等极端性、群体性事件。因此，当旅客的这种不良情绪上升为过激情绪时，将给民航服务工作产生极大的影响，带来巨大的压力和破坏力。

3. 情绪和情感影响服务中的人际关系与心理气氛

人际关系是人们为了满足某种需要，通过交往而形成的彼此之间的心理关系。乘坐同一航班的旅客往往形成具有临时性、短暂性和浅表性的人际关系。由于人们处于一个群体内的时候，更容易受到他人的情绪暗示和影响。积极正面的情绪状态是形成良好机舱内人际关系的基础和前提。人们在心理上的距离越接近，双方就越会感到心情舒畅，情绪高涨，从而形成良性互动。案例导入中提及奥凯航空公司的某次航班因流量控制延误后，机组人员本着"航班延误但服务不能延误"的理念，提前对旅客送上热情的服务。机组人员率先向旅客传递了"我们很关心你们的感受"的信息，因此，旅客中也有人做出了正面回应，其中几位天津某合唱团的阿姨主动站出来引吭高歌。良好的情绪在旅客中传递，加上空乘人员不停地鞠躬感谢旅客的配合，这样的良性循环将机舱内温馨、和谐的气氛推向高潮，有效地缓解了大家的焦虑心情。反之，不良情绪会导致恶性循环，破坏人际关系和良好的心理气氛。

案例链接

老大娘的满意之旅

在飞机客舱里，一位老大娘坐在靠走道的座位上，不时地将目光投向两边的窗口，见空乘人员从她身边过时总是望着但欲言又止，这位乘务员看在眼里记在心里。等空中服务告一阶段后，空乘人员主动询问老大娘有没有什么事情需要帮助。原来这位老大娘是平生第一次坐飞机，也是第一次处在这么高的位置，总想

项目六 旅客的情绪和情感

> 看看飞机外面到底是什么样子，然而自己的座位不靠窗口。她听说飞机是按号坐的，自己又不敢动，眼看着时间一分一分地过去了，因此十分焦急。乘务员听说以后，在有限的条件下对老大娘的座位进行调整，让她靠近了窗口，并且利用服务的空隙给她讲解哪里是长江，哪里是武汉长江大桥等。老大娘望着如絮的白云和蔚蓝的天空，再看茫茫大地上巍巍的群山，如玉带的河流，不时发出孩子般的笑声，直到飞机落地还意犹未尽。临下飞机时，老大娘对空乘人员说："姑娘，这次旅行能坐上你服务的飞机，真是有缘！"

四、旅客不良情绪的调控

旅客不良情绪对民航服务造成一定的破坏性，而调控旅客情绪和情感能力的强弱体现出民航服务水平的高低。

1. 建立良好的沟通渠道或氛围

空乘人员应加强修炼自身的礼仪修养，在服务岗位上多注意语言和形象，说话办事有分寸，适当运用幽默艺术调节气氛；语气要平缓、诚恳，要注意对话平等，诚恳诚信；不要高高在上，也不必卑躬屈膝；更不能一张口就把人惹火激怒，或一亮相就让人鄙夷或让人觉得受到鄙视和怠慢。建立一个良好的沟通渠道或者谈话氛围，有利于解决问题。反之，则会激怒旅客，加重旅客的怨气。

2. 先调整情绪后解决问题

情绪具有感染性，感染的结果往往是好情绪促成良性循环，坏情绪导致恶性循环。服务现场经常遇到这样的情况：在空乘人员和旅客的沟通过程中，往往是从起初的心平气和到一方首先出言不逊，最终因为双方情绪的相互影响而导致冲突爆发。因此，空乘人员应本着"从我做起"和"人敬我一尺，我敬人一丈"的原则，主动展示良好情绪去感染旅客，进行良性循环。面对情绪激动的旅客，务必掌握"先调整情绪后解决问题"的窍门，首先自己不能受其坏情绪的影响，对旅客说的每一句气话、每一句诅咒不能认真计较，也不能回嘴，只能装作听不见。面对一些旅客是在打着投诉的旗号来发泄平时压抑的心情、扭曲的心态，空乘人员应当及时请公安机关派员维持现场秩序，防止因无人监管而使旅客寻衅滋事，行动升级，使事态进一步恶化。一旦遇到不合理的过激情绪，民航一线员工也应该保护好自己，避免伤及无辜。

读书笔记

3. 加强处理航班延误的工作能力和服务水平

旅客的不良情绪在很大程度上是飞机延误导致的，长时间的延误使得旅客的情绪极易波动，也造成了一些冲突。面对心情急躁的旅客，作为空乘人员，应从以下方面有效安抚旅客情绪，提高服务水平，使航班延误造成的损失和影响最小化。

（1）动之以情、晓之以理的安抚性服务。俗话说"人心都是肉长的"。只要动之以情，晓之以理，旅客也可以理解航空公司和地面服务的工作人员。在延误发生时，服务部门更多的是晓之以理，缺乏的是动之以情。事实上，当航班延误发生时，旅客对服务部门有不同程度的意见和看法，情绪非常激动，在人处于情绪中时，讲理的意义应该不是很大，这个时候旅客更需要动之以情的人性化服务，晓之以理的工作应该放在旅客情绪稳定后，或放在平时的旅客教育中来进行。

（2）沟通信息，及时进行告知性服务。当航班延误之后，旅客的要求也不高。对于延误，他们只想知道是什么原因导致航班延误的，具体何时能够起飞，仅此而已。但航空公司公布的信息往往不具体，并与实际也不一致。据一位在机场延误的旅客讲，在航班延误发生后，只有一句"您乘坐的××航班因故取消，请您谅解"。至于何时起飞、如何解决均无下文，旅客欲问无门，更别说能够享有优质的待遇及其他权利了。旅客只能无奈地等待。此时，只有机场的空乘人员站在登机口，提供一些常规性的服务，却从不见航空公司的任何工作人员主动做进一步的解释和安抚工作，以及对最新航班延误信息的告知。一旦这些基本的要求没有达到，往往会让简单的事情变得复杂化，容易使旅客产生一种被忽悠的感觉。因此，在航班延误或取消时，航空公司应尽可能将详细的信息告知旅客，以争取旅客的理解。航班延误的原因有方方面面，但主要是天气和空中交通管制（流控）这两大方面原因。因天气原因引起的延误，旅客一般都能够理解，机场应利用广播随时通报起飞地和目的地的天气，并简单说明该天气条件下是否适宜飞行，也可将一段时间内将要起飞的飞机次序公布在广播或屏幕上，以缓解旅客等待的焦急心情。而对于流控原因导致的延误，许多旅客因对航空知识不了解而无法理解，机场应及时利用媒体向旅客宣传流控的概念及相关航空知识，也可以利用微博、微信等新媒介平台，发布即时信息供旅客参考。

（3）周到细致、体贴入微的现场保障性服务。

1）适当指引和提醒。航班延误时，很多旅客持续停留在候机厅的某个地方，易导致烦躁加剧。因此，机场工作人员必须做好引导服务，通过适当的指引和提醒服务，让需要离开登机口的旅客安心离开。

2）采取特殊措施。由于航班延误造成的等候主要发生在晚上，机场可能没有足够的工作人员来帮助旅客。但在这样的突发情况下，机场若能采取一些特殊的措施帮助旅客，实施一些切实可行的方案解决问题，如及时送水送饭安排住宿，对给旅客"造成的不便"表示歉意。一般情况下，旅客能够理解体谅工作人员，而不至于采取一些过激行为。

3）及时运输到位。航空公司应当根据客票载明的时间和班次运输旅客。航空公司延迟运输给旅客造成影响，应当按照旅客的要求及时安排改乘其他班次或退票，或使用其他交通方式运送旅客。

在延误事件发生后，不管是什么原因引起的延误，不管与航空公司有没有直接的责任，但只要是旅客因乘坐该航空公司航班造成了损失，从道义上说，航空公司都应向旅客道歉并妥善安排旅客，采取一些必要的补救性的措施。

（4）合理补偿，做好配套服务工作。航班延误时，航空公司的服务质量显得更为重要，应为旅客提供具体的实质性的相关配套服务。

1）处理好退票问题。航班延误造成旅客极度不满的一个重要原因就是退票的流程复杂、人员众多、柜台稀少。

2）解决好行李提取问题。当发生大面积航班延误时，不同航班的行李全部堆积在一起，没有传送带，旅客不得不自己翻找。有的旅客甚至花上数小时却仍然找不到自己的行李。

3）做好损害赔偿义务。对因航班延误造成的损失，航空公司应处理好对旅客的赔偿工作。当旅客情绪急躁的时候，航空公司的代办一定要在现场，尽可能及时解答旅客提出的问题，采取恰当措施满足旅客提出的要求，并按照实际情况，根据航空公司公布的补偿标准向旅客提供补偿。

小故事

卖伞和卖鞋

有一位老婆婆，她有两个儿子，一个卖布鞋，一个卖雨伞。老婆婆每天都愁眉苦脸，晴天的时候，她想到那个卖伞的儿子，"哎哟，谁来买我儿子的伞哟！"下雨的时候，她想到她那个卖布鞋的儿子，"哎哟，谁来买我儿子的布鞋哟！"所以，不管是晴天还是下雨她都不快乐。

思考：如果你见到那位老婆婆，你会怎样劝她呢？

所以，人产生何种情绪以及情绪的强度如何，是与个体的认知紧密相连的。甚至从某种意义上可以说，引起情绪的不是刺激本身，而是对刺激的态度和认识，因此可以通过改变认知来改变情绪。

拓展阅读

拉扎勒斯（1993）列出的 15 种情绪及其"核心相关主题"

愤怒——冒犯、贬低我和我的东西。

焦虑——面对存在着的不确定的威胁。

惊恐——面对具体的突如其来的身体上的危险。

内疚——触犯了一个道德戒律。

羞愧——未能达到理想的自我。

悲伤——经历了无可挽回的损失。

羡慕——想要别人所拥有的东西。

妒忌——因失去或威胁与另一方的感情而憎恨第三方。

厌恶——接受一个难以理解的主意。

快乐——朝向目标的实现取得了合理的进步。

自豪——通过对有价值的客体或成就感到荣耀来提升个人的自我认同。

放松——令人苦恼的与目标不相容的情况已经好转或已经过去。

期望——担心最差的情况而又向往更好的。

爱——渴望或参与爱，但通常不需要回报。

同情——为他人的痛苦所打动，想要给予他人以帮助。

项目小结

1. 情绪是人对客观事物是否符合自身需要而产生的态度体验。情感是情绪的高级形式，侧重对社会性需要是否得到满足而出现的态度的反映。情绪和情感统称为感情。

2. 情绪和情感的构成一般包括认知层面上的主观体验、生理层面上的生理唤醒、表达层面上的外部行为3个层面。

3. 按情绪内容划分，可分为基本情绪和复合情绪；按情绪发生的速度、强度和持续时间长短的不同来划分，可将情绪分为心境、激情和应激3种。

4. 情绪和情感的基本特征包括两极性、感染性、扩散性和非理性4个方面。

5. 情绪和情感的功能包括信号功能、适应功能、动机功能、组织功能、保健功能。

6. 旅客情绪和情感的影响因素包括旅客的需要满足、旅客的认知特点、旅客的归因方式、团体及人际关系、旅客的身体状况。

7. 旅客不良情绪的调控包括建立良好的沟通渠道或者氛围、先调整情绪后解决问题、加强处理航班延误的工作能力和服务水平：如动之以情、晓之以理的安抚性服务；沟通信息，及时进行告知性服务；周到细致、体贴入微的现场保障性服务；合理补偿，做好配套服务工作。

思考与练习

1. 健康情绪和不良情绪对民航服务的影响分别是什么?
2. 空乘人员如何调控自己在工作中的不良情绪?

项目七　旅客的态度

通过本项目的学习，了解态度的构成与特点，熟悉改变旅客态度的策略，掌握影响态度改变的因素。

通过本项目的学习，能够明确态度在民航服务交往中的重要作用，并学会改变旅客态度的策略。

通过本项目的学习，能够具备良好的服务态度意识和服务行为。

你喜欢去什么样的地方旅行？

一次惊喜之旅——记者体验大韩航空客舱服务

第一次乘坐大韩航空（Korean Air Lines Co.Ltd）的航班，没想到一个不到 2 小时的短航程，却带给了记者一次惊喜之旅。

上午 9 时许，记者登上大韩航空从东京羽田国际机场飞往首尔金浦国际机场的航班。大韩航空采用波音 747 机型执飞，记者和另外两位同伴都购买了经济舱的机票，习惯性地准备往客舱后部走。奇怪的是，空乘人员看了登机牌后，示意记者上二层。记者疑惑地来到二层，看到了宽敞的商务舱座椅，便更加疑惑了。但是，登机牌上的座位号的确在这个区域。记者反复地问空乘人员："这是经济舱座位吗？"彬彬有礼的空乘人员用肯定的语气说："Yes！"直到后来空乘人员发了经济舱标准的鳗鱼饭，记者才相信这真的是经济舱。但这是为什么？难道大韩航空的经济舱居然如此豪华。

直到后来采访了大韩航空负责客运业务的本部长之后，记者才解开了疑惑。原来，大韩航空在 2015 年进行了大规模的客舱设施升级，有些没有升级的机型就把其中的商务舱座位以经济舱价格对外发售，那些经常乘坐大韩航空的常旅客、积分高的旅客或是大韩航空比较关注的特殊旅客就会被安排在豪华的座位上。记者此行因为有采访大韩航空的行程，所以，就被他们视为特殊旅客，在办理值机手续时，空乘人员就会自动安排。这种对旅客细节的掌控，真是让人感动。

近 2 个小时的客舱体验，记者从座位上的视频点播系统里看了一部有中文字幕的动画电影《蓝精灵》，当然也享受了一次大韩空乘享誉世界的贴心服务。空乘人员在客舱工作时不会身着套装，而是穿上淡绿色的衬衣和乳白色的裙子。她们的职业素养是非常高的，无论什么时候，脸上的微笑都让人感觉她是真的热爱这个工作，真的把旅客当成"上帝"。如果旅客说一声"谢谢"，她们回报你的微笑都是发自内心的幸福。在这个二层商务舱里，大多都是东方面孔的旅客，但是，空乘很快就能判断出来应该跟哪些旅客说韩文，哪些旅客说英文。在短短的航程里，发放海关申报单、配送餐食、冲泡饮料，所有的工作程序都井井有条，却不会给人急躁的感觉。正餐之后，一杯绿茶粉冲泡的清茶也让记者回味良久。

大韩航空对空乘人员的培训特别注重反应的快速和对工作的态度，记者在客舱里就亲眼看见了一回。记者旁边的一位旅客想使用视频点播系统，但一时找不到遥控器在哪里，马上就急了。记者帮他按了呼叫按钮，在客舱工作的空乘人员马上就小跑着出现在旅客面前，并且蹲下帮旅客解决了问题。

在温馨和舒适的气氛中，航班到达了目的地。记者恋恋不舍地走出客舱，心想，有着如此良好服务态度的航空公司和空乘人员，带给了旅客这样的惊喜，一定能吸引更多的旅客。

【案例思考】

1. 为什么记者体验到"惊喜之旅"？
2. 作为空乘人员，应该具备怎样的服务态度和素质？

任务一　态度概述

一、态度的含义及其构成

"态度"一词的出现，最早可以追溯到18世纪的西方文学，但直到19世纪60年代才被引入心理学。态度是个体对待他人或事物的稳定的心理倾向。人的态度是在适应环境的过程中形成的。人们生活在社会中，由于个性、生活条件、周围环境、教育、文化等方面的差异，对社会上的各种事物必然产生不同的看法，这些看法用赞成或不赞成的方式连续表现出来，就形成了不同的态度。日常生活中常常会出现这样的话："他们的服务态度太差了，下次不来了""这家的设施不行，服务也不好"等，这就是人们对所面对的人和事物做出的行为反应的心理倾向，即态度。

态度的构成主要包括3种成分，即认知成分、情感成分和意向成分。

1．认知成分

认知成分是个体对态度对象的知觉、理解、判断和评价，即通常所说的印象。认知成分是态度形成的基础。态度的形成首先要有其特定的认知对象，认知对象可以是人、物，也可以是某一事件或是代表具体事物本质的抽象概念，如对某航空公司的态度、对某种服务方式的态度等。

2．情感成分

情感成分是个体在评价基础上对态度对象产生的情感反应或情感体验。它是态度的核心，并和人们的行为紧密联系，如喜不喜欢某个航空公司、某个服务项目或某个民航服务工作人员等。

3．意向成分

意向成分是个体对态度对象以某种方式行动的倾向。意向成分不是行为，而是行动之前的思想倾向，即行为的准备状态。意向取决于认知与情感，如想订某航空公司的机票。意向是需要向行为动机转化的中间环节。

在态度的3种成分中，认知成分是基础。由认知成分所形成的对事物的印象和观点，不仅是人们了解和判断事物的依据，还是形成人们对对象的情感体验、决定人们行为意向的基础。当然，态度中的情感成分也占有极其重要的地位。可以说，情感成分对态度有调节作用。当认知固定下来，演变为一种情绪体验时，它将会长期支配人。人们常说"情人眼里出西施"，其实就是情感调节认知的例证。正因为态度包含情感部分，涉及

微课：态度概述

个体内在的心理结构，所以，改变情感要比改变认知困难得多。认知和情感产生后不会局限于内心，总是向外显示支配行为，从而产生一种潜在的行为倾向。这种潜在的行为倾向表现为行为的准备状态和持续状态，这就是人们所说的意向因素。意向因素具有外显性，它制约了人们对某一事物的行为方向。因此，意向成分是可以测量的，并进而可以推测到认知成分和情感成分。

态度是人们的一种内心的心理体验，因此，它不能直接被观察到，而只能通过人们的语言、表情、动作表现等进行判断。比如，旅客对航空公司的服务感到满意，常常表现为温和、友好、礼貌、赞赏等；如果旅客不满意，可能表现出烦躁、易怒的情绪，容易发生冲突。因此，在服务中如果发生旅客投诉或产生矛盾、冲突，在寻找原因时就不能仅仅着眼于当前具体事件上，很可能这不过是旅客不满意时所表现的态度而已。

拓展阅读

一位空乘人员在成长日记中总结自己几年来的变化

刚开始工作时，遇到旅客对我说："小姐，帮我把包放上去。"我觉得这位旅客真奇怪："你都觉得重，还让我放啊，你是男的，你都不行，我怎么行。"1年以后，我听到一位女士说："行李好重，放不上去"，我去试了一下，觉得一个人确实举不动，就对女士说："我们一起吧"。3年后，一个女孩站在座位上放行李，我过去伸手帮她放了进去。"太感谢了！""没关系，开行李舱时要小心，下飞机时如果拿不动就等其他旅客离开后我来帮你。"

分析与讨论：这位空乘人员的成长历程对我们有何启示呢？

二、态度的作用与特点

1. 态度的作用

态度对一个人的心理和行为的影响是多方面的，主要体现在以下几点：

（1）态度决定着对外界影响的判断和选择。在社会生活中，人们在生活条件、教育、文化、个性等方面都存在一定的差异，这种差异使人们对社会上各种事物的看法不同，并表现出各自的认知和行为模式。国

读书笔记

外的心理学家曾经做过实验，将 A 和 B 两所大学的校足球队的比赛录像分别放给两校的学生观看，结果 A 大学的学生发现 B 校球队犯规次数比裁判指出的多 2 倍，而 B 大学的学生指出 A 校球队多次犯规而未受罚。造成这种判断上的偏差的原因在于两校学生在观看比赛时的态度，他们各自站在维护本学校荣誉的立场，都期望本校足球队获胜。

（2）态度对人的行为具有指导性和动力性的影响。态度形成以后，又会反过来帮助人们更好地适应环境。在社会生活中，态度对一个人的学习效果和工作效率的影响是非常大的。如果一个人对某项活动感兴趣，在参与时采取认真积极的态度，就能更好地感受和理解其中的内容；反之，如果他对该项活动不感兴趣，以敷衍、消极的态度应对，效果就会不理想。

（3）态度调控个体对外界刺激做出的反应。一个人如果对自己所属的群体有认同感、荣辱感、责任感，并被激起效忠态度，就会表现出巨大的能量和惊人的耐力。如果一个空乘人员对自己所在的航空公司有很高强的认同感，那么他的抗挫折忍耐力就会比较高，工作中就比较能吃苦，而且遇到困难也会积极主动地想办法克服。

2. 态度的特点

人们的态度一旦形成，通常具备以下几个特点：

（1）对象性。态度必须指向一定的对象，若没有对象，就谈不上什么态度。态度是针对某一对象而产生的，具有主体和客体的相对关系。人们做任何事情，都会形成某种态度，在谈到某一态度时，就提出了态度的对象，如对某个机场的印象如何，对空乘人员有什么看法等，没有对象的态度是不存在的。

（2）社会性。态度是通过学习获得的，不是生来就有的。态度不是本能行为，虽然本能行为也有倾向性，但这是不学就会的；而所有的态度都不是遗传来的，而是后天获得的。比如，旅客对航空公司的态度，或是他自己在接受服务的过程中亲身观察得来的，或是通过广告宣传、其他客人的评价等形成的。

（3）内隐性。态度是一种内在结构。一个人究竟具有什么样的态度，只能从他的外显行为中加以推测。例如，一个员工在业余时间里总是抱着各种专业书看，那么可以从行为来推测他对学习是抱着积极态度的。

（4）稳定性与可变性。态度的稳定性是态度形成后保持相当长的时间而不变。态度是个性的有机组成部分，它使人在行为反应上表现出一定的规律性。如民航服务中的"回头客"，"回头客"的多少反映了旅客对民航服务的态度，长期稳定的肯定态度是经常光顾的旅客的重要心理因素。

当然，态度并非一成不变，当各种主客观因素发生变化时，态度也会随之改变。就上述例子而言，如果在服务过程中，某些新来的空乘人员对旅客的态度不够热情友好，或服务项目发生了变化，旅客不太接受，就会改变原来积极肯定的态度，而产生消极不满的情绪，不再是"回头客"。

（5）价值性。价值观是态度的核心。价值是指作为态度的对象对人所具有的意义。人们对于某个事物所具有的态度取决于该事物对人们的意义的大小，也就是事物所具有的价值大小。事物的主要价值有理论价值、实用价值、审美价值、社会价值、权力价值和宗教价值6种。

事物对人的价值大小，一方面取决于事物本身，另一方面也受人的需要、兴趣、爱好、动机、性格、信念等因素所制约。所以，对于同样一件事，由于人们的价值观不同，也会产生不同的态度。为此，对能满足个人需要、符合自己的兴趣爱好、与自己的价值观念相符的事，人们会产生正面的态度；反之，则产生消极的态度。

任务二　态度与行为的关系

个体和社会都是复杂的，态度与行为之间也不是经常表现为简单的一一对应的关系，在很多情况下，态度与行为是不一致的。

一、态度与行为一致

心理学的传统观点认为态度与行为相互一致，有什么样的态度，就有什么样的行为。态度是行为的准备状态，因此可以通过态度来预测行为，也可以根据个人的行为表现来推断人的态度和心理需要。在旅客服务的过程中，空乘人员若对工作持有积极态度，必然会在为旅客服务时转化为积极的行为，主动热情地为旅客服务，形成态度与行为的一致性。旅客也是一样，当旅客对民航持有积极的态度时，在服务过程中往往表现为愿意或配合空乘人员的工作，态度与行为表现一致。

二、态度与行为不一致

虽然大量的研究证实态度与行为一致，但越来越多的人体验到，在生活与工作中，态度往往和行为有不一致的关系。如空乘人员热情地为旅客服务，但旅客态度冷漠，甚至不理不睬，这时空乘人员心里肯定不舒服，因此而形成消极态度，但并没有将其转化为消极行为，而是继续热情地对

读书笔记

读书笔记

待旅客。

心理学家从简单的自身经验出发，对态度与行为不一致的问题进行了深入研究和探讨，得出了态度和行为之间有时存在着很大的不一致性的结论。而态度与行为不一致有以下几种原因：

1. 态度构成要素之间的矛盾和冲突

态度由认知、情感和意向3个要素构成。当三者之间发生矛盾和冲突，特别是认知与情感之间不协调时，将导致态度与行为的不一致。如一位旅客本来不喜欢乘飞机出行，但由于事态紧急、时间有限，还是选择了飞机作为交通工具。

2. 社会规范

行为是受个人、社会等多重因素影响的函数，社会规范就是社会因素中一个比较重要的方面。有时候，我们对某一对象有一种正向或负向的态度，但表现为行为时，由于社会规范的影响而不得不采取相反的行为。比如空乘人员在航班上为旅客服务时，即使想抽烟放松一下也是不允许的，这既是工作规定，也是社会规范的约束。每个人都有一定的社会角色，这种角色要受到社会规范的制约，所以每个人的行为必须符合其角色，而不管他的态度是否也要求这样的行为。很明显，在某些社会规范起作用的场合，个体行为和态度是不一致的。

3. 情境压力

情境是影响行为的因素之一，也是导致态度与行为不一致的原因之一。情境中存在各种无形的压力。这些压力往往会压倒态度，约束个人的行为，成为行为的决定因素。例如，强有力的群体舆论压力与个体已有的态度不一致时，将会较大程度地破坏态度和行为之间的一致性，如生活中迫于无奈的吸烟、饮酒行为。

4. 对同一对象的态度冲突

态度对象通常是由多个部分构成的统一体。个体可能对其中某些部分持有肯定态度，而对另一些部分持有否定态度，从而使个体的态度和行为有时一致，有时不一致。如某旅客认为A航空公司的服务很好，可是航线不够丰富，所以当航线合适时就只选A航空公司的航班，航线不合适时就选择其他航空公司。

5. 动机、能力、个性等个人心理因素

态度作为行为的心理准备，对行为具有推动力，即具有类似动机的作用。但当某种态度与原本存在的动机发生冲突时，可能会破坏态度与行为的一致性关系。在影响态度与行为不一致的个人因素中，能力是一个重要的方面，人们经常说的"心有余而力不足"就属于这种情况。另外，性格也会产生影响，如性格内向含蓄的人，即使内心非常高兴、激动，在行为

微课：态度与行为的关系

上仍然表现得较为冷静自持。

6. 价值与代价

有时候，人们对某对象并不喜欢，但由于其对于自己具有很高的价值，因此会做出一些违背自己态度的行为。例如，药很苦，人们不喜欢吃药，但药能治愈疾病，为了治病，人们会接受吃药。另外，有时候做出某种符合态度的行为，必须付出代价，若代价高于个人愿意接受的程度，也会使态度与行为出现不一致。

态度与行为之间并不完全是对应的关系，有时会在两者之间不一致，但不能因此认为态度对行为没有影响，只要把握住其中的规律，就可以预测人的行为。

任务三　民航服务中态度的形成与改变

微课：民航服务中态度的形成与改变

一般来讲，态度是比较稳定、不易改变的，但这并不意味着态度是不可改变的。态度也必然有或大或小的变化。空乘人员应意识到，在服务交往过程中，不管是旅客还是空乘人员的态度，也不是一成不变的，它随着服务过程主客观条件的变化而变化。

一、态度的形成

态度的形成与一个人的社会化过程是一致的。当婴儿诞生在某一特定的家庭环境之后，通过家庭对他的各种刺激，对他的成长都会有非常重要的影响作用。例如，父母的举止言行，父母的要求和期望，往往对婴儿形成某种固定的行为习惯具有决定性意义，从而使其按照一定的规范形成自己对待各种事物的态度。

心理学家认为，态度形成后，个体便具有了种种特有的内在心理结构，这种结构使个体行为产生了一定的倾向性。如果形成的态度是正确的，它会促使个体与外界保持平衡。反之，则会阻碍个体在社会上的适应性。个体总是根据自己已经形成的态度来对待他人及周围社会生活中的其他事物，从而对外界的影响表现为吸收或拒绝。

由于态度具有稳定性和持久性的特征，因此态度的形成总是要经过一段相当时间的孕育过程。

1. 态度形成的三个阶段

社会心理学家凯尔曼（H. Kelman）于 1961 年提出了态度形成或改变

读书笔记

的模式。他认为,态度的形成或改变经历了顺从、同化和内化3个阶段。

(1) 顺从阶段。顺从又叫作服从,是表面上改变自己的观点与态度,这是态度形成或改变的第一个阶段。在生活中,一方面,个体不知不觉地在模仿着他所崇拜的对象;另一方面,也受一定外部或权威的压力而被迫接受一定的观点,但内心不一定接受该观点,这是形成或改变态度的开端。

(2) 同化阶段。同化又叫作认同,是在思想、情感和态度上主动地接受他人的影响。这个阶段比顺从阶段进了一步,即态度不再是表面的改变,也不是被迫的,而是自愿接受他人的观点、信念、行动或新的信息,使自己的态度和他人的态度(自己要形成的态度)相接近。但在这一阶段,新的态度还不稳定,很容易改变,新的态度还没有同自己的态度相融合。

(3) 内化阶段。内化阶段是指在思想观点上与他人的思想观点相一致,将自己所认同的新思想与自己原有的观点结合起来,构成统一态度体系。这是形成态度的最后阶段,在这个阶段中,人的内心发生了真正的变化,将新的观点、新的情感纳入自己的价值体系,彻底形成了新的态度。

态度不是与生俱来的,而是在后天的生活环境中,通过自身、社会化的过程逐渐形成的。

2. 影响态度形成的因素

(1) 欲望。态度的形成往往与个人的欲望有着密切的关系。实验证明,凡是能够满足个人欲望或能帮助个人达到目标的对象,都能使人产生满意的态度。相反,对于那些阻碍目标,或使欲望受到挫折的对象,都会使人产生厌恶的态度。这种过程实际上是一种交替学习的过程,它说明欲望的满足总是与良好的态度相联系。有人曾对某种种族偏见(态度)的发展进行过研究,认为这种偏见具有满足某些个人欲望的功能。例如,有些人需要借蔑视其他种族,以发泄自己在生活中压抑已久的敌意或冲动行为。这说明态度中的情感和意向成分与欲望的满足有着密切的关系。

(2) 知识经验。态度中的认知成分与一个人的知识密切相关。个体对某些对象态度的形成,受他对这对象所获得的知识的影响。例如,一个人阅读过某种科技著作,了解到原子武器爆破力的杀伤性,就会产生对原子武器的一种态度,即态度的形成是受知识影响的,但是,并不是说态度的形成单纯受知识的影响。心理学家进行过有趣的调查,他们将调查对象分成两种态度组织,即有严密组织的宗教态度者(其特征是态度分明,无意成分少,情绪色彩低)与无严密组织的宗教态度者。结果发现前者能够认识并且接受自己的优点和缺点;而后者只接受自己的优点,把自己的缺点掩盖起来。

(3) 个体经验。一个人的经验往往与其态度的形成有着密切的联系,生活实践证明,很多态度是由于经验的积累与分化而慢慢形成的。例如,四川人喜欢吃辣椒、山东人喜欢吃大葱的习惯,就是由于长期的经验而形成的一种习惯性态度。当然，有时也会出现只经过一次戏剧性的经验就构成了某种态度的情况。例如，若有人在某一次逗狗的游戏中被狗咬伤，别很可能其从此就不喜欢狗，甚至害怕狗，类似的还有"一朝被蛇咬，十年怕井绳"。

二、影响态度改变的因素

态度的改变会受到诸多因素的影响。要想有效地改变旅客的态度，必须充分把握影响态度的因素，针对各种因素采取行之有效的方法，做出相应的对策。影响态度改变的因素主要有以下几个方面。

1. 旅客本身的因素

由于旅客的个性、需要、受教育程度及社会地位等的不同，对态度的改变都会产生影响。

（1）需要。态度的改变与旅客当时的需要密切相关，如果能最大限度地满足他当时的需要，易使其改变态度。

（2）性格特点。从性格上看，依赖性较强的旅客信服权威，缺乏判断能力，容易改变自己的原有态度；反之，独立性强、自信心高的旅客，不容易被他人说服，因此不容易改变态度。社会赞许动机的强弱也是影响态度转变的因素，高社会赞许动机的接受者易受他人及公众影响，易于接受说服。

（3）学识能力。一般而言，学识能力高的旅客，能准确分析各种观点，具有较强的判断能力，进而根据自己的认识主动地改变自己的态度，不容易受他人左右；反之，学识能力低的旅客，难以判断是非，容易被说服暗示，常常人云亦云，因而较易被动地改变态度。

（4）自尊心。自尊心强的旅客，心理防卫能力较强，不容易接受他人的劝告，因此态度改变也比较难；反之，自尊心弱的旅客则敏感易变。另外，若要改变其他（如受教育程度和社会地位高的）旅客的态度，也比较难。

2. 态度本身的特点

态度的强度、态度的价值性、态度的 3 种成分之间的关系，以及原先的态度与要求改变的态度之间的距离等都能对旅客态度的改变产生影响。

（1）态度的强度直接影响旅客态度的改变。旅客态度的强度是指旅客对某一对象赞成或反对、喜爱或厌恶的程度。一般来说，旅客受到的刺激越强烈、越深刻，态度的强度就越大，因此形成的态度越稳固，也越不容易改变。如旅客曾在旅途中遭遇过重大交通事故，或遭遇过贵重物品被损或丢失等，这些都会使旅客产生强烈的恐惧或不满，因而对某种交通工具形成强烈的否定情绪。这种态度一经形成就难以改变。

（2）态度形成的因素越复杂，越不容易改变。例如，一名旅客对某航

读书笔记

空公司的否定态度如果仅依据某个事实，那么只要证明这个事实是纯偶然因素造成的，旅客的态度就容易改变过来。如果态度是建立在很多事实的基础上的，则旅客的态度就不容易改变过来。

（3）构成态度的3种成分一致性越强，越不容易改变。如果态度的认知成分、情感成分、意向成分三者之间直接出现分歧、不一致，则态度的稳定性较差，也就比较容易改变。

（4）态度的价值性也对旅客的态度产生重要影响。态度的价值性是指态度的对象对人的价值和意义的大小。如果态度的对象对旅客的价值很大，那么对他的影响就会很深刻，因此一旦形成某种态度后，就很难改变。反之，态度的对象对旅客的价值小，则他的态度就容易改变。

（5）旅客原先的态度与要改变的态度之间距离的大小。态度转变的难易要看旅客原先的态度与要改变的态度之间的差距。要转变一个人的态度取决于他原来的态度如何，如果两者之间的差距太大，往往难以改变，不仅如此，反而会更加坚持原来的态度，甚至形成对立情绪。正如要让一个恐高症患者或在一次空难中死里逃生的人再次乘飞机旅行几乎是不可能的事。

3. 外界条件对态度改变的影响

除旅客和态度本身的特点影响态度的改变外，一些外界条件也能改变旅客的态度。这些外界条件有以下内容：

（1）信息的作用。任何态度的转变都是在接收的信息与其原有态度存在差异的情况下发生的。旅客接收到的信息是其态度形成和转变的基础。信息一致性越强，形成的态度就越稳定，也越不容易改变。

（2）旅客之间态度的影响。态度具有相互影响的特点，这在作为消费者的游客之间表现得尤为明显。由于旅客之间的意见交流不会被视为出于个人利益，也不会被视为有劝说其改变态度的目的，因此不存在戒备心理。另外，由于旅客之间角色身份、目的和利益的相同或相似性，彼此的意见也容易被接受。事实证明，当一个人认为某种意见是来自与他自己利益一致的一方时，人们就会乐于接受这种意见，有时甚至主动征询他人的意见，以作为自己的参考。

（3）团体的影响。旅客的态度通常是与其所属团体的要求和期望是一致的。这是因为团体的规范和习惯力量会在无形中形成一种压力，影响团体内成员的态度。如果个人与所属团体内大多数人的意见相一致时，其就会得到有力的支持；否则，其就会感受到来自团体的压力。

案例链接

旅客登机后，将随身小包放在旁边的空座位上。航班降落前，一名空乘人员语气生硬地对旅客说："你不能把包放在旁边空座位上。"旅客提出质疑，表示从登机到现在一直无人告知不能放置，空乘人员回复稍后会去批评其他人。旅客不解，询问空乘人员"批评还是表扬与旅客有什么关系，说这个是什么意思？"空乘人员直接离开。

分析与思考：

案例中空乘人员在服务态度方面存在什么问题？应如何进行改进？

三、改变旅客态度的策略

在信息社会，旅客经常会受到各种信息的"轰炸"，并逐步掌握了不少策略，以维持已形成的态度。其态度的转变会涉及多种因素。通过适当途径，针对各种各样因素的变化，采取正确的方法，可以有效地改变旅客的态度。

1. 更新服务产品，提高服务产品质量

服务产品是旅客态度的客观对象，是旅客态度形成的客观前提。虽然旅客态度的产生同时受主观因素的影响，但主要还是取决于客观对象的状态条件如何。只有服务产品具有满足旅客需要的功能时，才有可能使旅客产生积极的态度，如航班总是延误，空乘人员总是粗暴对待旅客，旅客当然会形成消极态度。因此，改变更新服务产品，提高服务质量和服务水平，是使旅客改变不良态度的首要前提。

2. 重视信息传递的方式，把握宣传技巧

态度的形成和改变与信息的传播有关，应当采取各种对人有较大影响的信息传递方式来增加信息的广泛传播，从而影响旅客态度的改变，其要求如下：

（1）注意选择传播信息的媒介和方式。传播信息的渠道是多种多样的，如广告、报刊的评论、橱窗和柜台的设计及口头传播等。不同的渠道在旅客态度形成的各个阶段上的作用是不同的。一般而言，广告、媒体传播渠道给旅客提供了最初的信息，但旅客相互之间的口头传播等则在旅客行动前起决定性作用。研究表明，口头传播信息的效果要好于广告、媒体传递信息的效果，面对面的传播效果要优于大众传媒的传播效果。

（2）适当重复所传递的信息。研究表明，对于较复杂的事物，重复可以增加人们的好感。而对于较简单的事物，重复则没有积极的效果，过度的重复还会增加人们的厌恶感。在信息传递中，叠加式重复宣传

读书笔记

会使旅客产生印象积累，使之获得积极的熟悉感，从而倾向于认同和选择，如航空公司定期播出主题广告等，让旅客能一而再、再而三地加深印象。当然，进行叠加式重复宣传必须有变化的成分，因为简单的重复会成为单调的刺激，降低旅客的注意力与接受程度。所以，聪明的广告商总是以丰富变化的广告画面与创意强调同一主题，而很少以广告的反复播放来获得重复效果。

（3）根据具体情景选择传递信息的明确程度。在传递信息时，既可以提供资料，让旅客自己得出结论，也可以直接向旅客明示结论。一般来说，比较难以理解的信息，传递者有较高的威望，而旅客难以下结论的，明示结论的效果较好；反之，让旅客自己得出结论较好。例如，旅客办理登机手续时，行李超重却不愿付费，值机人员耐心向他讲述民航的相关规定，旅客仍坚持己见。这时，值机人员可以适当暗示旅客："如果不付超重行李费的话，就不能办理登机手续，错过了办理登机时间，您的行程就会耽误。"行程如期顺利是旅客所看重的，旅客接收到值机人员的暗示，自然也明白只有补交超重行李费才能顺利办理登机。

（4）传达信息的意图尽量不让对方发觉。如果旅客发觉信息传递者的目的在于使他改变态度时，往往会产生警惕，从而尽量回避传递者，因而效果会降低。如果旅客没有发觉传递者在有意说服他，就会比较容易接受其意见而改变态度。

（5）注意提供材料的顺序。提供材料的顺序影响态度的形成和改变。心理学对记忆的研究证明，人在识记过程中存在"前摄抑制"和"倒摄抑制"两种作用，识记材料的中间部分不如首尾部分材料记得清晰牢固、印象深刻。而记忆清晰牢固、印象深刻的材料会对态度的形成和改变产生较大的作用。因此，在需要提供正面材料同时又提供反面材料时，应首先提供正面材料和观点，将反面材料和观点放在中间，最后用新的事实论证正面观点，这对旅客改变不正确的态度、形成对正面观点和材料的肯定态度能产生最强的作用。

（6）把握宣传时机。通常要在旅客对所宣传的信息内容比较感兴趣时进行宣传。在对方没有准备接受说服之前，不要急于去说服对方，因为如果对方没有丝毫诚意，无论你说得如何动听，他都听不进去。若遇到这种情况，可以先谈论一些比较次要的话题，并弄清对方拒绝的原因，然后选择另一个成熟的时机继续进行说服工作，将自己真正想要表达的内容传达给对方。

（7）注意说服者的影响力。在说服宣传的过程中，还要注意说服者对被说服者的影响，通常说服者的可靠性、权威性强和被说服者的相似程度比较高，被说服者对其信任就比较高，那么由该说服者传达的信息更容易被理解和认同，进而也越容易改变他们的态度。例如，航班延误后，当有些旅客情绪激动，甚至与空乘人员发生冲突时，机场工作人员去协调往往作用不大，因为旅客总是觉得他们与自己是对立的，自然就不肯接受；而由其他的旅客去劝说效果就明显好很多，因为同为旅客，有着相似的利益和立场。

3. 引导旅客积极参加实践活动

心理学研究表明，要改变一个人的态度，最好能够引导他积极参加有关的实践活动，或是在活动中扮演一定的角色，或是让他在活动中发挥自己的主动性。这些都有利于个人态度的转变。

4. 逐步改变（门槛效应的作用）

心理学研究表明，在一般情况下，人们都不愿接受较高、较难的要求，因为它费时、费力又难以成功。相反，人们乐于接受较小的、较易完成的要求，在实现了较小的要求后，人们才会慢慢地接受较大的要求，这就是"门槛效应"对人的影响。所以要改变一个人的态度，首先必须了解他原来的态度立场，然后估计一下两者的差距是否过于悬殊，若差距过大，反而会发生反作用；如果逐步提出要求，不断缩小差距，则对方容易接受。所以，要改变旅客的态度，不能操之过急，应逐步改变。

5. 利用团体对个人的影响

团体的影响来自团体的规范和准则，这种规范和准则对团体成员具有一种无形的约束力，促使团体中每一个人的言行与团体的规范准则保持一致。无论是正式团体还是非正式团体，它所具有的规范准则都具有这种约束力。正因为如此，通过将人们组织进一定的团体，并制定相应的规范准则来影响和约束他们的一言一行，也能够有效地改变他们的态度。

拓展阅读

偏见

偏见在每个人的生活中都会出现，但不管其形式和侧重点如何，偏见始终真实地存在，并且对社会生活的协调与和谐产生了很多消极的、破坏性的结果。

1. 偏见的定义

社会科学家从各种不同的角度对偏见下定义。从理论上来说，偏见有积极和消极之分，但这里所使用的偏见的定义只限于消极态度。偏见是根据错误或不完全的信息概括而成的对特定的社会群体及成员所具有的不公正、不合理、敌对否定的态度。例

读书笔记

如，当某个人对黑人有偏见时，是说他（她）的行为会导向对黑人的敌意，他（她）所认定的和人的特征并不完全正确，或只是个别情况，而他（她）认为整个黑人群体成员都是如此。我们完全有理由说，每个人或多或少都存有偏见——民族偏见、国家偏见、种族偏见，还有对某个居住区的偏见或是对某种食物的偏见等。

2．偏见与歧视的区别

偏见是一种不公正的、否定性的态度，因此也包括态度的3个主要成分，即情感、认知、意向。歧视主要指基于偏见而做出的不公平、不合理的行为方式。也可以说偏见与歧视的关系在于态度与行为的关系。另外，两者又常常相互分离，有偏见不一定就会表现出歧视的行为。

3．偏见的特征

（1）偏见以有限或不全面的信息来源为基础。偏见的信息来源往往不全面，如听到部分美国人很富有，就认为所有的美国人都这样，美国是一个遍地黄金的天堂。

（2）偏见的认知成分是刻板印象。人们在认识事物时，往往根据其共同特征加以分类，这是人类思维发达的表现，但如果将这种分类固定化，就成了刻板化，刻板化把同一个特征归属于团体中的每个人，而不管团体成员实际的差异。

（3）偏见含有先入为主的判断。人们在了解到一些信息后往往会过早地下结论，如果这个结论是错误的话，尽管一般人在经过认识、了解后会改正，但也有很多人即使面对事实也不愿改正原来的错误判断，固守偏见。

项目小结

1．态度即人们对所面对的人和事物做出的行为反应的心理倾向。从态度的构成看，其主要包括3种成分，即认知成分、情感成分和意向成分。

2．态度的作用包括态度决定着对外界影响的判断和选择，态度对人的行为具有指导性和动力性的影响，态度调控个体对外界刺激做出的反应。

3．态度的特点包括对象性、社会性、内隐性、稳定性与可变性、价值性。

4. 态度与行为不一致有以下几个原因：态度构成要素之间的矛盾和冲突；社会规范；情境压力；对同一对象的态度冲突；动机、能力、个性等个人心理因素；价值与代价。

5. 态度的形成过程主要经过顺从、同化和内化3个阶段。

6. 影响态度形成的因素包括欲望、知识经验、个体经验。

7. 影响态度改变的因素包括旅客本身的因素、态度本身的特点、外界条件对态度改变的影响。

8. 改变旅客态度的策略包括更新服务产品，提高服务产品质量；重视信息传递的方式，把握宣传技巧；引导旅客积极参加实践活动；逐步改变（门槛效应的作用）；利用团体对个人的影响。

思考与练习

1. 在旅程中，经常会出现一些旅客态度和行为不一致的情况，请举例说明并分析原因。
2. 改变旅客态度的策略有哪些？

模块三

用"心"服务——
民航服务中的外部环境因素

微课：民航服务中的社会因素

项目八　民航服务中的社会因素

通过本项目的学习，了解群体的概念和特征，熟悉旅客群体对服务工作的影响，掌握群体理论对服务工作的意义。

通过本项目的学习，能够掌握旅客群体对服务工作的影响，并能够应用于指导服务工作。

通过本项目的学习，能够运用旅客群体理论，有效开展客我交往工作。

"种草经济"大火，你被"种草"了吗？

不可推卸的责任

由于"机械故障",某航空公司的航班延误了,造成133名旅客滞留兰州中川国际机场9小时。焦急万分的旅客经历了漫长的等待,却没有得到航空公司任何负责人解释此事,因此非常不满,集体拒绝乘机并要求航空公司给出说法。据空乘人员方面解释:当日,该航空公司的航班起飞前发生机械故障,航空公司出于对安全的考虑,当即告知旅客航班推迟起飞,"为了安全"这样做确实没错,但旅客并不能接受这样的解释,认为检修类工作本应该是航班起飞前完成的,为何等到快起飞才发现机械故障?

【案例思考】

1. 旅客群体的形成会给民航服务工作带来哪些积极或消极的影响?

2. 在民航服务过程中,旅客群体的形成对民航服务工作有哪些指导意义?

任务一　社会群体概述

群体是社会分工与协作的产物，是人类最普遍的社会现象。人们都会在一定的群体中工作和学习，任何个体都不可能彻底脱离群体而单独活动。一个人也不能孤立地生活在社会中，往往有要求"介入"或被认同于所期盼的个人或群体的愿望。群体可以使单个个体无法完成的工作得以完成，可以满足人们归属的需要、同事关系的需要和地位的需要。

一、认识群体

1. 群体的概念及特征

群体不是个体的简单结合，几个偶然一起乘坐电梯的人、几十个乘坐公共汽车的人、大街上围观的人群都不能称为群体。

群体应该是一个整体，群体应该建立在其成员的相互依赖、相互作用的基础上，并且有其特定的群体目标。因此，群体是为了达到特定的目标，由两个以上的人所组成的相互依赖、相互影响的人群结合体。作为群体，一般应具有心理上的相互意识、行为上的相互作用、目标上的共同需要和追求3个基本特征，三者互融，不存在独立表现的可能性，具体表现如下：

（1）各成员相互依赖，在心理上彼此意识到对方。

（2）各成员之间在行为上相互作用，彼此影响。

（3）各成员有"我们同属于一群"的感受，实际上也就是彼此之间有共同的目标或需要的联合体。

2. 影响群体形成的因素

（1）共同目的。心理学家米德尔·布鲁克提出，在人们意识到自己无法独立完成任务时，或者通过多个人的共同努力才能顺利完成任务时，个体就会倾向于组成群体。共同的目的是群体形成的直接原因，如航班延误时，旅客想得到自己认为合理的赔偿往往会联合起来形成群体，再一起向航空公司提出要求。

（2）归属需要。归属需要是指个人认同于他人或群体的行为方式，并与群体的行为相一致，从而获得安全感的需要。个体的自我认知感常常是在社会比较下进行的，也就是个体常常需要有一个对自己进行评价与认知的参照标准，既满足社会性的欲求，又满足安全感的需要。因此，人需要归属于自己所认同的群体，这就是归属的需要。

（3）共同兴趣。共同兴趣常常将不同的个体联系在一起，因此，共同兴趣是群体形成的又一个重要原因。生活中常可见到，群体成员由于兴趣的不同，最终导致群体的分化。例如，学校里经常组织不同的兴趣小组，同学们因为兴趣而分化成一个又一个小群体。

（4）压力情境。大量的社会心理学研究都显示，高压力的情境会直接促进人们形成群体或加入群体。心理学家夸伦泰利等人对现实生活进行了观察与研究，发现灾祸的受害者会主动与邻居或朋友组成群体去寻找庇护或救援其他受害者。也有实验表明，高压力明显增加了个体参与群体的倾向，因为高压力使人们的安全感受到威胁，组成或加入群体，是人们获得安全感支持的最佳途径。

（5）群体的工具作用。人们加入某一群体，有时是为了达到某种功利性目的，或实现与群体无关的期待，是为实现目的而采取的手段。

心理学家罗斯调查研究了工会成员加入工会的目的，结果有工会成员报告说，自己之所以要加入工会，是因为拥有工会成员身份更有可能得到高薪和更多的工作保障。正如有些人本身不喜欢跳舞，但为了扩大社交面而进入舞厅。

二、群体的分类

群体的分类方法有很多，可以按不同的标准将群体划分为许多种类。

1. 正式群体和非正式群体

这种划分方式最早由美国心理学家梅耶在霍桑实验中提出，是根据构成群体的原则和方式而划分的。

（1）正式群体是指由组织结构确定的、职务分配很明确的群体，如企业部门、学校班级、机关科室等。在正式群体中，一个人的行为是由组织目标规定的，并且是指向组织目标的。

（2）非正式群体是自发产生的，无明确规章，成员的地位与角色、权利和义务都不确定的群体。他们以共同利益、观点、兴趣为基础，以感情为纽带，有较强的内聚力和较高的行为一致性。非正式群体普遍存在于正式群体中，特别是在正式群体的目标与其成员的需要与愿望不一致、正式群体不能发挥正常的功能、缺乏合理的领导机构时，非正式群体更容易产生。非正式群体的主要功能是满足人们某种生活需要。形成非正式群体的原因主要有以下三种：有共同的价值观念和兴趣爱好；有相似的经历或背景；有共同的利益。

2. 大群体和小群体

按照规模大小，群体可以分为大群体和小群体。群体规模与群体凝聚力密切相关，它会影响成员的情感和行为。

（1）大群体是指群体成员人数较多、成员之间以间接方式取得联系的群体，常通过群体的共同目标或各层组织机构等使成员建立间接的联系。大群体可进一步分为不同形式、不同层次的群体，如国家、民族、性别等群体，社会职业群体，人口群体，社区群体，观众群体，听众群体等。

（2）小群体是指相对稳定、人数不多，为共同目的而结合起来，成员直接接触的联合体。小群体人数一般为 2～40 人，如家庭、工作小组、班级等。小群体还可细分为小小群体。小小群体是由 2～7 人组成的群体，它可能是一个独立的共同体，同时还属于某个小群体。

在大群体和小群体的比较中，有 2 点是关键的，即群体的规模和群体成员的交往方式。从这 2 点来看，大群体与小群体主要有以下 4 点差异：

（1）群体规模影响群体成员的参与程度。一般情况下，群体越大，成员平均参与群体活动越少。同时，群体规模的扩大，还会增强成员的拘束感，促进成员收敛自己的行为，进一步影响成员的参与程度。

（2）群体规模的扩大，不仅会使成员参与机会减少，还将导致机会分配的不平衡，出现"少数人一统天下"的局面。

（3）群体规模扩大超过一定限度，将影响群体功能的发挥。成员人数太多，可能导致彼此间差异扩大，摩擦增加，群体内人际关系难以协调，群体难以正常发挥功能。

（4）群体规模越大，成员之间沟通的机会越少，人际关系开始转向群内小小群体的沟通，成员之间更多以间接方式交往。

读书笔记

任务二　民航群体心理分析

一、旅客的群体意识、群体心理、群体情绪和群体行为

民航服务过程中出现的旅客群体问题，现在已经成为民航服务的一个难点。旅客本来是一个个独立的个体，相互之间没有联系，但在乘机过程中因各种情况的变化，尤其是当航班不正常或服务出现问题时，旅客共同利益的一致性使原来各个独立的个体演变成一个群体。一旦分散的旅客形成群体，就会具有群体的特点。

旅客群体的形成是旅客内部因素与外界因素共同作用的结果。旅客的

内部因素是指旅客的自身利益。旅客的外界因素是指机场或航空公司方面的原因，如航班不正常、服务环境差、服务不周到等。这些因素导致旅客由原来分散的个体先演变成小型群体，再由小型群体演变成大型群体。而小型群体有两种情况：一种是在航班中的旅游团队，它实际上就是一个群体，无论外界情况如何，其已经具有一些群体的特征；另一种是由于民航服务的原因，旅客成员之间直接接触，谈论航班或服务情况，从而建立起情感和心理上的联系，逐步达成认识上的统一。如果空乘人员不及时进行干预、解决问题，这些小型群体可能会逐步发展成旅客的大群体。所以，分散的旅客会在内外因素共同作用下形成旅客群体，当然形成的根本原因在于旅客之间有共同的利益。

旅客群体一旦形成就具有群体意识、群体心理、群体情绪和群体行为。

1. 群体意识

旅客的群体意识是指旅客群体中多数成员所共同具有的价值与规范，群体意识反映着群体成员的态度。旅客的群体意识的形成一般需要具备以下3个要素：

（1）合理地、自觉地了解自我的群体利益，即旅客自身的利益。

（2）为了维护自身的利益决定否定或抗拒机场或航空公司的利益。

（3）准备用集体的手段达到或维护自身群体的利益。

当这3个要素基本具备以后，旅客的群体意识也就逐步形成了。在实际服务过程中可以看到，旅客维护自身利益几乎是一种"本能"的反应，它成为一种"添加剂"，促使旅客群体意识的形成，这种意识一旦形成以后就很可能演变为旅客群体行为，这是在民航服务中最不愿意看到的。

2. 群体心理

旅客的群体意识形成后还会逐步发展为旅客共同的心理，称为旅客的群体心理。它是指旅客群体中成员共同的心理现象，如从众、模仿、暗示、感染、牢骚等心理。旅客的群体心理在服务中表现最明显的特点如下：

（1）整合性。即旅客群体大多数成员的心理整合，在服务过程中这一心理整合成为群体凝聚力的基础。

（2）自发性。即旅客群体是自发产生的，自发地反映群体的社会存在。

（3）感染性。即旅客群体心理之间对成员的情绪影响。

（4）暗示性。即群体中大多数人或其中有威望的人的心理与行为对其他成员的影响，表现为其他成员无批判地接受其所提供的信息。在服务过程中经常可以看到，某个旅客或少部分旅客具有很强的煽动性，结果导致大部分旅客跟随他们一起行动。

3. 群体情绪

当旅客形成群体以后，随之而来的是群体的情绪，称为旅客群体情绪。它是指旅客在基于认识、评价及利益一致性的基础上建立的情绪上的特殊联系。它会使旅客群体中某个人（或一部分人）的情绪体验传给其他的成员，产生共同的感受并转变成行为动机去组织群体成员的活动。旅客群体的情绪认同有两种情况：一是自觉的、积极的认同，即每个成员都在情感上把自己与整个群体融为一体，对群体所确立的目标有明确的认识，并有与群体成员们同甘共苦的情谊，如遇到航班延误的情况时，有些旅客说"要走大家一起走，要不走大家一起不走"；二是被动的情绪认同，它只是由于"群体压力"（为避免受群体成员的歧视或被抛弃）而产生的从众行为，如图8-1所示。作为民航服务工作人员，在工作中一定要注意旅客的群体情绪，要知道旅客激动的情绪在一定的条件下可能会演变为群体过激的行为，给服务工作带来极大的问题。

▲ 图 8-1　从众行为

4. 群体行为

旅客的群体行为是指旅客在外界条件的刺激下，压抑在心里的情绪转变为外在的行为，具有以下特点：

（1）自发性。在服务过程中，旅客群体行为不是预先有计划的，而是情绪激动的人群受到某种刺激后，一哄而起的行为。

（2）非理性。群体行为中的每个成员都处于情绪激动的状态中，缺乏理智的考虑，完全为激情所支配，盲目行动，有时甚至不顾后果。

（3）非常规性。由于旅客丧失理智，在行为上往往不受正常社会规范的约束，有的肆意践踏和破坏社会准则，有的甚至触犯社会治安管理条例与法律，做出如旅客强占飞机、堵住安检门等过激的行为。

（4）短暂性。旅客的群体行为是由一时情绪冲动产生的，因此，只要发泄了情绪，减轻了心理紧张，行动就结束了。旅客的群体行为在航班出现异常情况时表现得特别明显。

> **拓展阅读**
>
> **从众效应**
>
> 1. 定义
>
> 人在社会群体中容易不加分析地接受大多数人认同的观点或行为的心理倾向称为从众效应。从众效应也指在群体活动中，当个人的意见和行为与多数人的意见和行为不一致时，个人放弃自己的意见和行为，表现出与群体中多数人相一致的意见和行为方式的现象。从众效应也就是我们日常所说的"随大流"。
>
> 2. 来源
>
> 著名社会心理学家阿希曾经做过一个实验，他召集了7名大学生进行实验，其中只有一名是真被试，其他都是实验助手，他们同样都是对呈现在卡片上的直线进行观察并比较其长短。最终实验结果发现，被试在独立进行判断的时候正确率极高；然而一旦在团体中就可能被团体所误导，正确率就会大幅降低。
>
> 3. 趣闻事例
>
> 成语"三人成虎"的意思是：3个人谎报城市里有老虎，听的人就会信以为真。该成语比喻说的人多了，就能使人们将谣言当作事实。

二、民航服务过程中旅客群体对服务工作的影响

通过上面对旅客群体的意识、心理、情绪、行为的分析，我们可以知道旅客群体会对民航服务工作带来不容忽视的影响。

1. 旅客群体认知上的统一性对服务工作的影响

在民航服务过程中，当分散的旅客形成群体后，旅客群体在认知上往往表现出很强的统一性，成为其行为的基础，这给空乘人员劝说旅客增添了较大的难度。例如，当航班不正常时，共同的需要和利益促使旅客群体形成认知上的统一性，每个旅客都强烈地意识到自己是群体中的一员，大家都有同属于该群体的心理感受。因此，在认识上往往一致排外，对空乘人员的劝说采取抵制态度。对此，空乘人员要有足够的认识，心理上要有

充分的准备。

2. 旅客共同利益的依存性对服务工作的影响

由于种种原因，同一个航班旅客的个体利益会演变成群体利益，群体利益会演变成共同利益，旅客的共同利益是驱动旅客行为的原始动力。一旦旅客群体有着共同利益和为全体成员共同接受的目标，这个目标在服务过程中不仅能使旅客团结一致，而且会形成很强的凝聚力。当旅客的共同利益一致时，服务将显得苍白无力，很可能需要动用法律来解决问题。

3. 旅客群体行为的联系性对服务工作的影响

旅客的群体意识、群体心理、群体情绪相互影响导致了旅客群体成员行为联系性的产生。这种联系性使旅客在行为上相互影响、相互作用、相互补充，形成完整的行为系统，再演变成统一的行为，如航班延误旅客会集体拒绝登机或拒绝下飞机等。旅客群体行为的出现往往导致服务工作无法正常进行，有时甚至令空乘人员束手无策。

三、群体理论对服务工作的意义

旅客的消极群体行为对服务工作而言非常棘手，但空乘人员要意识到任何畏惧和回避心理都无济于事。只有应用群体理论来指导服务工作，才能解决问题。

（1）正视旅客群体与群体形成是做好旅客群体工作的前提。在服务过程中，旅客群体的形成是服务工作的一大难题，作为空乘人员应该正视这一问题。首先，空乘人员要意识到这是事态发展的结果，对于已经是结果的事件，在某种程度上而言是无法改变的，只能正视它；其次，空乘人员要意识到旅客群体形成后必然会形成群体意识、群体心理等特征，对此，心理上要有充分的准备；最后，空乘人员要认识到群体的形成不是无缘无故的，它是在一定的条件下形成的，因此在服务工作中，只有正视旅客群体形成的特点以后才会有正确的应对行动，才会有正确的处理方法。

（2）旅客群体的松散性与临时性是做好旅客群体服务的基础。如前所述，群体有各种各样的类型，如大群体和小群体、正式群体和非正式群体等，旅客群体无疑属于非正式群体，它是在特定条件下形成的，具有松散性与临时性的特点，这正是做好旅客群体服务的有利基础。

1）旅客群体的松散性与临时性是树立做好旅客群体服务信心的依据。空乘人员一方面要正视旅客群体的作用，同时要看到问题的另一方面是旅客群体具有松散性与临时性的特点。这一特点是旅客群体的最大弱点。明确这一弱点，将为防止旅客群体的形成和做好旅客群体服务指

读书笔记

明方向。空乘人员应树立信心，相信自己有能力、有条件做好旅客群体服务。

2）旅客群体的松散性与临时性是做好群体服务的条件。应该说旅客群体的松散性与临时性为做好群体服务工作提供了前提条件。能否做好群体服务工作的关键在于旅客群体的性质。如果旅客群体是正式群体，有严密的组织机构和条例，那么做其转化工作是非常困难的。由于旅客群体是非正式群体，其特点正好与正式群体的特点相反，是具有松散性与临时性的群体，这为做好服务工作提供了机会。从辩证法的角度看，内因是变化的根据，外因是变化的条件。正因为旅客群体是由一个个松散的个体组成的，其内因有变化的可能，所以，空乘人员应积极做好"条件"工作，努力防止旅客群体的形成，努力做好群体服务工作。

（3）旅客群体形成的特点是做好旅客群体服务的途径。群体的组成是由于一个个的个体有了共同的利益和意识，没有旅客的个体就不会有旅客的群体。因此，做好旅客群体服务就应该从个体旅客着手。

无论是机场工作人员还是客舱服务人员，首先一定要有防微杜渐的意识，这是做好旅客群体服务的捷径。空乘人员要将工作做在前面，尤其在发生航班不正常情况时，空乘人员更要意识到这一点，对旅客个体的服务应该更主动热情，尽可能减少个体的负面情绪。其次必须意识到在一定的条件下，旅客个人的需要会演变成个体利益，个体利益在一定条件下又会演变为群体利益。在服务过程中，常可以看到这样的情况，同航班的旅客本来各有各的需要，相互之间没有向心力，但一旦出现异常情况，如航班延误等，旅客个体的利益就迅速转变为群体利益。为了群体的利益，旅客往往会采取集体行动，这无疑给民航服务带来极大的阻碍。因此，空乘人员应对旅客个体区别对待，在条件允许的情况下尽量地满足个别旅客的需要，采取"逐个击破"的策略，以防止旅客群体形成。

案例链接

"冷漠航空"成为群体性事件诱因

2006年6月29日至30日，全国多处地区由于雷雨天气导致大量航班延误。据媒体报道，仅6月29日首都国际机场就约有200架次航班延误。航班延误造成众多乘客滞留机场，记者不幸成为其中的一员。在多重体验我国航空业冷漠与傲慢的同时，记者发现，我国"冷漠航空"的背后，潜藏着多重令人担忧的隐患。

近年来，因航空延误频频引发群体性冲突事件。有关资料显示，目前我国国内每年有1 000万人次以上的旅客遭遇航班延误，因航班延误造成旅客与航空公司冲突的事件呈激增趋势。有了2006年6月30日至7月1日在首都国际机场的经历，记者认为，我国的"冷漠航空"是引发此类群体性冲突事件的原因之一。如果听任"冷漠航空"继续"冷"下去，大规模群体性冲突事件将是国内各个机场的常态。

6月30日，记者购买了中国东方航空公司（以下简称"东航"）北京至烟台的MU5136航班机票，机票显示当晚22点45分起飞，记者在指定的登机口等到22点30分，起身问询负责检票的工作人员为何还不检票，一位工作人员随手指指窗外，见记者不解，他没有表情地说："下雨飞不了！"此时，多位旅客围上来问询，在检票台前出现了一张标有"因航班延误，请耐心等待"的纸条，几名旅客纷纷问询何时可以起飞，目前飞机在哪里等，几位工作人员一律回答："不清楚！"此时，多位工作人员端着盒饭从闸口走出，一位四川口音的旅客不高兴地说："我们等了一夜，你们就知道自己吃饭，怎么不给我们提供啊？"这位工作人员才打了个电话，10多分钟后，盒饭和瓶装水堆在了旅客面前，由旅客自取。一位旅客问能否提供热饮，这位工作人员不耐烦地说："有开水间啊，自己去取吧！"一位女旅客说太冷，是否能将空调关一下或者提供毛毯，得到的回答是："这是机场的事情。"

此时已是零点左右，旅客们开始骚动起来。一位旅客从问讯处回来对记者说："飞不成了，东航开始安排住宿了！"记者将信将疑地问那位正要离开的工作人员，他回答："何时飞真是不清楚，其实你们应当选择退票。"记者随着几位旅客来到东航问讯处，几位工作人员头也不抬地回答："不清楚。"这时一位中年女民航工作人员对记者说："你们到D13口看看吧！"刚才对记者说东航开始安排住宿的旅客说："是要安排住宿了，他们也不广播，你不问也就没人管你了，没走的那几位要在机场熬一夜了。"

记者到楼下后，见等待安排住宿的旅客有数百人，拥挤了半个小时，记者终于登上了大巴，问工作人员到哪里住宿，得到的不耐烦回答是："龙城。"

由于疲劳与阴冷，记者与大部分旅客在车上昏昏欲睡，也不知过了多长时间，大巴停了下来，记者看看表，已经是

读书笔记

凌晨1点半了。这家酒店的名字是"龙城丽苑阳光酒店",记者一问,这里竟是与机场相距40多千米的昌平区。此时,一辆辆大巴不断将旅客送到这里,大厅里挤满了旅客,一位满头银发的老太太被晚辈搀扶着一脸茫然,一对年轻夫妇带着的婴儿不断啼哭,一位泰国的旅客因语言不通不知所措,多亏遇到一位通晓外语的旅客,他像遇到救星一样紧随其后。此时,旅客们才发现,这里竟没有一位航空公司的工作人员。

争吵、叫骂,推搡,几位旅客因房间安排和宾馆人员撕扯起来。前台一位姓李的经理反复解释这是航空公司安排的,许多旅客高叫:"让航空公司来人!"记者身边的一位旅客将电话打到东航客服部,回答马上回电,可再拨打时,却再也没有拨通。

凌晨2点左右,酒店工作人员告知旅客,酒店已经安排满了,此时还有200位旅客没有着落。这些旅客一下子愤怒了,与酒店工作人员的肢体冲突越来越多。酒店的李经理对着电话大喊着与东航联系,20分钟后,几辆大巴又将剩余旅客拉到别处入住。一场即将发生的冲突勉强平息。

威海市的一位旅客对记者说:"我遇到了几次这样的事情,如果航空公司在每个环节都认真对旅客解释,像登机后那样微笑服务,因天气原因航班延误大家都是可以理解的。可屡屡出现这样安排不妥的状况,旅客对航空公司的信任度只能越来越差,由此引发冲突岂不是难免?"

分析与讨论:

1. 在上述案例中,你认为航空公司的服务有哪些做得不到位的地方?
2. 旅客们的情绪是如何产生和激化的?

项目小结

1. 群体是为了达到特定的目标，由两个以上的人所组成的相互依赖、相互影响的人群结合体。

2. 影响群体形成的因素包括共同目的、归属需要、共同兴趣、压力情境、群体的工具作用。

3. 群体根据构成的原则和方式可划分为正式群体和非正式群体；群体按照规模的大小，可以分为大群体和小群体。

4. 民航服务过程中旅客群体对服务工作的影响：旅客群体认知上的统一性对服务工作的影响；旅客共同利益的依存性对服务工作的影响；旅客群体行为的联系性对服务工作的影响。

5. 群体理论对服务工作的意义：正视旅客群体与群体形成是做好旅客群体工作的前提；旅客群体的松散性与临时性是做好旅客群体服务的基础；旅客群体形成的特点是做好旅客群体服务的途径。

思考与练习

1. 群体的基本特征是什么？
2. 群体理论对民航服务工作有什么意义？
3. 根据以下案例，请学生扮演不同的角色——空乘人员、旅客及其他相关人员，活动结束后，分别谈谈各自的体会与感受。

由于目的地机场天气原因，某航班在地面等待两个小时。等待期间，乘务组为旅客提供餐饮服务后，大量旅客在客舱过道内来回走动，个别旅客情绪比较激动，提出抱怨：机舱内很闷；要求下飞机休息等待等，甚至个别旅客还要求见机长，乘务长及乘务组成员耐心安抚旅客，但没有实质效果。

分析与讨论：
（1）旅客谈谈自己在此次旅程中的心理感受和体会。
（2）空乘人员反思在服务过程中存在的问题。
（3）观察人员谈谈对空乘人员、旅客等相关角色的评估及自身的感受。

（4）请谈一谈你对民航服务工作中群体事件的看法，并分析一下该航班的空乘人员应如何有效避免群体性事件的发生。

微课：民航服务中的人际关系

项目九　民航服务中的人际关系

知识目标

通过本项目的学习，了解客我交往的概念与影响因素，熟悉客我交往的技巧，掌握服务中发生冲突的主要原因和处理原则。

能力目标

通过本项目的学习，能够运用客我交往技巧，正确处理好与旅客之间的关系。

素质目标

通过本项目的学习，能够运用人际沟通技巧，有效开展客我交往工作。

问题导向

面对旅客，说话要注意分寸。

争吵

在一家航空售票营业点里,一位旅客对售票员迟迟不来为他服务大为不满,大声嚷道:"怎么还不卖票,你磨蹭什么呢!"售票员听了他的话很反感,不客气地回敬他一句:"你嚷什么呀,没看见我正忙着吗?"两个人就为这件事而争吵起来。

在争吵中,旅客说:"你知道吗?我是你们的客人,你这个售票员怎么能这样跟我说话?"售票员说:"怎么啦?你也是人,我也是人,你能这么说,我就能这么说!"接下去,两个人的争吵越演越烈。

【案例思考】

1. 为什么会发生这样的争吵呢?
2. 作为售票员,应该从这种争吵中吸取什么样的教训呢?

任务一　民航服务中人际交往的心理状态

一、民航服务客我交往的概念

民航服务客我交往是指在民航服务过程中，空乘人员同旅客之间沟通思想、交流情感、表达意愿、解决问题而相互影响的过程。

客我交往是空乘人员与旅客相互作用的一个动态过程，它包含有交际和沟通思想的相互关系，也有交际和活动的相互影响等。客我关系的心理互动往往对优质的民航服务起着至关重要的作用，它是民航服务存在的条件，没有客我交往方式也就不可能有民航服务。

二、客我交往的心理状态

在民航服务的过程中，旅客和空乘人员的心理状态主要呈现为以下3种形式。

1. 家长型

家长型心理状态，以权威和优越感为特征，具体表现为以下2种行为模式。

（1）命令式。通常表现为统治、训斥、责骂和其他专制作用的行为。习惯使用"你应该""你必须""你不能""你过来"等。

（2）慈爱式。通常表现为关怀和怜悯的行为。例如"别着急，我们会想办法的"等。

2. 儿童型

儿童型心理状态一般以情感为特征，具体表现为以下2种行为模式。

（1）服从式。通常表现为顺从某种意愿的行为。例如，当旅客要求送一杯水时，空乘人员马上应声回答"请稍等，马上给您送来。"

（2）自然式。通常表现为自然、冲动和任性的行为。例如"我就不""我偏要"等。

3. 成人型

成人型心理状态以注重事实根据和善于进行客观理智的分析为特征，这种心理状态的人能根据过去存储的经验估计各种可能性，然后做出决策。他们待人接物冷静，慎思明断，尊重别人，具体表现为以下几种行为模式。

（1）询问式。例如"给您安排一个靠窗口的座位，可以吗？"

读书笔记

（2）回答式。例如"不好意思，没有靠窗口的座位了！"
（3）建议式。例如"能不能把您的座位安排在紧急出口旁边？"
（4）赞同式。例如"没问题，马上给您安排一个靠窗的座位。"
（5）反对式。例如"出于安全的考虑，我们不能给您安排紧急出口旁的座位。"
（6）道歉式。例如"对不起，很抱歉。"
（7）总结式。例如值机员在为客人办理好登记手续之后，总结说"8位旅客，3位头等舱，5位商务舱。"

任务二　民航服务中人际交往的原则

空乘人员要能与旅客保持良好的客我交往，既需要具备健全的人格、正确的认识方式和正常的情绪反应，也要讲究相应的交往技巧和技能。

一、客我交往的原则

1. 平等原则

每个人都需要得到别人的尊重，需要通过交往寻找自己的社会位置，获得他人的肯定，证明自己的价值，而平等的原则正好可以满足客我交往的这一需要。空乘人员和旅客在角色上是不对等的，但交往过程中彼此在人格上是平等的，双方都是彼此的受益者，一定要平等对待，不可盛气凌人或阿谀奉承。

2. 诚信原则

"诚"是诚实，"信"是信用。诚信是人与人之间建立友谊的基础，也是客我交往的根本。在客我交往中，只有双方心存诚意，才能相互理解、接纳和信任，才能有情感上的共鸣，交往关系才能得到发展和延续。如果空乘人员给旅客以虚假、靠不住的印象，就会失去旅客的信任，很难再为旅客提供进一步良好的服务。在交往过程中，空乘人员要恪守"言必行，行必果"的古训传统。

3. 宽容原则

俗话说"金无足赤，人无完人"。宽容是一种美德，也是对健康交往关系的呵护。在客我交往中，要用辩证观点看问题，不过分挑剔旅客。在旅客有不同意见时，要有豁达的气量接纳旅客的不同意见。只有做到"严于律己、宽以待人、不放纵自己、不苛求他人，"才会赢得旅客的尊重和喜爱。

4．赞扬原则

马克·吐温谈到自己被人戴高帽子的感觉时幽默地说："我接受了人家愉快的称赞之后，能够光凭着这份喜悦的心情生活两个月。"从内心深处来讲，人人都希望得到他人的肯定和赞美，一点赞美的火花很可能就会燃起友谊的火焰。在客我交往中，空乘人员要善于发现并且鼓励赞扬旅客的优点与长处，礼貌相待，才能相互促进和提高。空乘人员的赞扬会给旅客带来愉悦和良好的情绪，反过来，旅客的好情绪也会感染到空乘人员。恰当地赞美他人，会给他人以舒适感。所以，若要建立良好的客我关系，恰当的赞美是必不可少的。

二、处理客我关系的分寸

要使旅客对服务工作满意，同时对服务仍保持热情与积极性，就要按照双赢原则来处理客我关系，在具体的服务工作中要掌握处理客我关系的分寸。

1．服务而非亲密

一般情况下，空乘人员与旅客的接触只限于旅客需要服务的地点和时间，在为旅客提供服务时要注意公私有别。在服务工作中，出于礼貌或创造气氛的需要，可以和旅客进行一些简短的交谈，但不能影响正常的工作，也不能涉及隐私话题

2．服务而非雇佣

空乘人员与旅客之间是服务与被服务的关系，而非雇佣关系，服务者和服务对象都有自身权利和义务。服务对象接受服务就是为了满足自己物质、精神等方面的需要。所以，服务对象有选择服务者的权利，有接受服务和不接受服务的权利，有随时中止所接受的服务的权利。服务者本身也有自己的权利和需要，他们从事民航服务工作会有各种各样的内在动机和需要，但服务工作的特点决定了只有旅客向空乘人员提出需要，而空乘人员只能对旅客进行引导，不宜提出需要（安全保障工作要求除外），这就确定了在服务过程中民航企业是满足旅客需要的主体，空乘人员是实现满足旅客需要的个体，一切应服从于尊重旅客价值，体现旅客的主导地位。

3．礼貌而非卑躬

空乘人员在与旅客交往的过程中，彼此在人格上是平等的，交往的双方都是受益者，因此，空乘人员在旅客面前应保持平和的心态，服务热情有礼，言行从容得体，既不需要表现得低人一等，也不能表现得傲慢无礼。

4．助人而非索取

尽自己最大的努力为旅客做好服务工作，满足旅客的需要是空乘人员

读书笔记

应尽的义务，不应也不能向旅客索取任何形式的回报。况且，帮助他人有助于克服自卑、抑郁、焦虑等消极情绪，是自我能力的一种体现，是获得友情、改善人际关系的积极途径。服务工作获得旅客的肯定也会给空乘人员带来成就感和尊重需要的满足。

5. 重点关照而非谄媚

空乘人员对所有的旅客都应一视同仁，不能因旅客身份、地位、年龄、健康状况的不同而产生不同的态度。对于部分需要空乘人员重点照顾的旅客，如老年旅客、行动不便的旅客、无人陪伴的儿童旅客、初次乘机的旅客、VIP 旅客等，应注意个性化服务且更细致周到。

小故事

三个金人

曾经有一个小国的使者来到一个国家，进贡了三个一模一样的金人，把皇帝高兴坏了。可是，这小国的人同时出了一道题目：这三个金人哪个最有价值？皇帝想了许多办法，请来珠宝匠检查，称重量，看做工，都是一模一样的。

怎么办？使者还等着回去汇报呢。泱泱大国，不会连一个小问题都不懂吧？最后，有一位致仕的老大臣说他有办法。皇帝将使者请到大殿上，老大臣胸有成竹地拿着 3 根稻草，插入第一个金人的耳朵里，这根稻草从另一边的耳朵出来了。对于第二个金人，稻草从其嘴巴里直接掉出来；而对于第三个金人，稻草掉进了肚子里，什么响动也没有。老大臣说："第三个金人最有价值！"使者默默无语，答案正确。

这个故事告诉我们，最有价值的人不一定是最能说的人。我们有两只耳朵和一张嘴巴，就是让我们多听少说的。善于聆听，才是成熟的人最基本的素质。

思考：我们要怎样才能成为第三个金人那样有价值的人呢？

三、服务中发生冲突的处理原则

1. 尽量避免争论，耐心倾听

在旅客情绪激动时，空乘人员应尽量保持平静，不打断旅客的倾诉，专心倾听旅客提出的问题。面对口头的人身攻击不采取对抗姿态，排除干扰，耐心听完旅客陈述后再回答。同时，应表现出对旅客情绪的理解，让旅客知道自己乐于提供帮助，语调宜自信而殷勤，不使用会火上浇油的措辞，避免指责自己的同事或公司。这样，往往会让旅客的情绪平静下来，愿意配合空乘人员进行下一步工作，也可以减少对其他旅客的影响。

2. 向旅客表示歉意，积极解决问题

如果旅客不满的对象是服务企业或空乘人员，不管冲突发生的原因是什么，空乘人员都要在第一时间向旅客表示歉意，这种歉意不仅体现在语言方面，还表现在积极行动方面，为旅客解决问题，是化解冲突最有效的办法。如果在自己的能力范围之内无法解决，空乘人员一定要向旅客做好解释工作，并及时告知旅客事情的进展，确保信息渠道畅通。

3. 公平对待，不偏不倚

空乘人员在劝阻旅客之间的矛盾冲突时，要注意方法，态度上要尊重对方，措辞适当，不要介入纠纷，不要去评判谁是谁非。当然，如果旅客之间的冲突严重影响机场或客舱的秩序和安全，空乘人员应马上告知安保人员或公安机关，请他们采取适当措施。

4. 做好后续工作，积极思考冲突产生的原因

当问题解决之后，空乘人员应控制住自己的情绪，不对其他同事反复讲述所发生的不愉快的事件，而应能够分析哪些环节做得还不够、哪些环节还应该加以改进，思考冲突产生的原因，并就这些原因提出一些好的意见和建议，为航空公司更好地向旅客服务提供参考，使服务工作进一步完善。例如，航班延误，建议航空公司或机场能够及时为旅客提供航班延误的信息，包括航班延误的原因、等待的时间、解决的办法等，避免因信息不畅而造成困扰。又如，行李问题，建议航空公司在旅客购票时就向旅客详细说明行李托运的相关规定，避免旅客因不了解情况而在托运行李时出现问题。

读书笔记

任务三　影响民航服务中人际交往的因素

一、人际交往的影响因素

影响人际交往和人际关系的因素有距离、相似性、互补性、个体因素和心理效应。

1. 距离

正所谓"远亲不如近邻"，人际关系心理会受地理位置影响。通常人

与人之间在地理位置上越接近者，交往机会越多，容易形成较密切的关系。因此，要想建立人际关系一般都从离自己近的人开始。

2. 相似性

研究表明，人们喜欢那些和自己相似的人。交往双方相似之处越多，越容易建立起良好的人际关系。例如，相似的年龄、受教育程度、信仰、兴趣爱好、种族等都会增加人与人之间的相互吸引，增加亲密感。所谓"物以类聚，人以群分""酒逢知己千杯少，话不投机半句多"，说的就是这种现象。

3. 互补性

互补性是指双方在交往过程中获得互相满足的心理状态。当双方的需要或个性能互补时，就能形成强烈的吸引力。例如，一个有支配性格的人容易和被动型的人相处。这是因为彼此之间可以取长补短，互相满足对方的需要。一般而言，人际吸引中的互补因素，其作用多发生在交情较深的朋友、同事、恋人、夫妻之间。

4. 个体因素

个体的容貌、体态、性格、能力、服饰、举止、风度等外在形象和内在个性因素都会对交往对象产生不同的吸引力，从而影响交往的效果。人们喜欢美的外貌，这是一种自然倾向。外貌美容易给人带来一种好的印象，产生一种光环作用，使人们产生接近的倾向。外貌对初次交往的人来说，是一个重要的吸引因素。

5. 心理效应

各种心理效应如首因效应、近因效应、刻板效应、光环效应等也会在一定程度上影响人际交往。

二、影响民航服务中人际交往的因素

由于空乘人员所处的特定角色和旅客所处的特定地位，客我交往表现出与一般人际交往迥然不同的因素。

1. 交往地位的不对等性

客我关系的接触通常是一种不对等的过程。也就是说，空乘人员只能在客人提出要求时服务，而不存在空乘人员对旅客提出服务要求的可能，双关系并不对等。对于一些传统服务观念较深的空乘人员，常常会由于不正确的理解和处理不对等关系而陷入自卑或逆反心理，给服务和声誉造成消极影响。

2. 交往的公务性

空乘人员与旅客的交往主要是因为公务上的需要，而不是个人情感或兴趣爱好等方面的需要。因此，在一般情况下，空乘人员和旅客的接触仅限于旅客需要服务的时间和地点，否则就是一种打扰旅客的违规行为。

3. 交往深度的局限性

客我交往只限于因公务需要提供具体的服务项目，而不涉及个人关系，更不会涉及双方的个人工作、历史、家庭背景等。

4. 交往时间的短暂性

空乘人员与旅客交往时间不会太长，不管旅客是咨询、购票，还是地面服务或空中服务，客我交往接触的时间都不会太长，客我之间熟悉、了解的机会也不多。

5. 交往效果的不稳定性

由于每次面对的旅客从个人素质、能力、性格等方面均有差异，加上当时情境的影响，往往交往的结果不稳定，同一空乘人员用同样的方式为不同的旅客提供服务，可能产生的服务效果也有所不同。

6. 个体与群体的兼顾性

在民航服务中，空乘人员接触的是不同心理、具有不同消费动机和消费行为的旅客，因此，在交往中依据每个旅客个体消费特征有针对性地提供服务，才能达到理想的效果。而同一社会阶层、同一文化水平、相同或相似职业的人集聚在一起组成往往同一性质的旅客群体，因此，空乘人员在服务的过程中，不仅要区别对待旅客的个体差异，还要兼顾群体共性。

拓展阅读

建立和谐人际关系的 10 大法则：
（1）由此观彼，善解人意。
（2）己所不欲，勿施于人。
（3）不求取免费的午餐。
（4）己所欲而推及于人。
（5）永远不忘欣赏他人。
（6）诚信待人。
（7）和气待人。
（8）不靠语言取悦别人，要靠行动取信于人。
（9）要雪中送炭，不要锦上添花。
（10）以德报怨。

5 种被严格禁止的眼神：
（1）盯着旅客，似乎担心旅客进行偷盗。
（2）打量旅客，似乎对旅客分外好奇。
（3）斜视旅客，似乎对旅客挑剔不止或看不起旅客。
（4）窥视旅客，似乎是少见多怪等。
（5）扫视旅客，即在旅客的某些部位反复注视，极容易引起旅客（特别是异性旅客）的反感。

3种被严格禁止的举止：

（1）不卫生的举止。当着旅客的面对自身进行如挖鼻孔、掏耳朵等卫生清理，或随意用自己的手及其他不洁之物接触旅客所用之物。

（2）不文明的举止。空乘人员的某些不文明的举止，如当众脱鞋、更衣、提裤子等，难免会对旅客有所影响。

（3）不敬人的举止。对旅客指指点点，甚至拍打、触摸、拉扯对方，不仅会对旅客形成一定程度的干扰，还会令旅客心怀不满，甚至引发矛盾。

项目小结

1. 民航服务客我交往是指在民航服务过程中，空乘人员同旅客之间为了沟通思想、交流情感、表达意愿、解决问题而相互影响的过程。

2. 在民航服务的过程中，旅客和空乘人员的心理状态主要有家长型、儿童型和成人型3种形式。

3. 客我交往的原则包括平等原则、诚信原则、宽容原则和赞扬原则。

4. 处理客我关系的分寸包括服务而非亲密、服务而非雇佣、礼貌而非卑躬、助人而非索取及重点关照而非谄媚。

5. 服务中发生冲突的处理原则包括尽量避免争论，耐心倾听；向旅客表示歉意，积极解决问题；公平对待，不偏不倚；做好后续工作，积极思考冲突产生的原因。

6. 影响人际交往和人际关系的因素有距离、相似性、互补性、个体因素和心理效应。

7. 影响民航服务中人际交往的因素包括交往地位的不对等性、交往的公务性、交往深度的局限性、交往时间的短暂性、交往效果的不稳定性、个体与群体的兼顾性。

思考与练习

1. 影响人际关系的因素有哪些？
2. 根据以下案例，请学生扮演不同的角色——空乘人员、旅客和其他相关人员,活动结束后,由不同的角色来谈谈各自的体会和感受。

我要的橙汁呢?

航程中,飞机颠簸时,坐在62A位置旅客按压呼唤铃,6号见习空乘人员受理,旅客告知需要添加橙汁,6号见习空乘人员回复"请您稍等,飞机正在颠簸,等系好安全带灯熄灭后为您提供。"旅客接受。

颠簸结束后,空乘人员进行收餐工作临近结束时,该旅客情绪不佳地向4号空乘人员表示等待橙汁的时间太久,4号空乘人员立即致歉并马上为其提供。随后,乘务长介入处理,并提供弥补服务,但该旅客依然不满,并于下机后致电投诉航班服务滞后。

分析与讨论:

(1)旅客谈谈自己在此次旅程中的心理感受和体会。

(2)空乘人员反思在服务过程中存在的问题。

(3)观察人员谈谈对空乘人员、旅客等相关角色的评估及自身的感受。

(4)空乘人员如何提高客我交往的技能与技巧?

微课：民航售后服务心理

项目十　民航售后服务心理

知识目标　通过本项目的学习，了解引起旅客投诉的原因，熟悉旅客投诉心理，掌握处理投诉的一般步骤。

能力目标　通过本项目的学习，能够对旅客投诉进行有效处理。

素质目标　通过本项目的学习，能够学会应对与旅客冲突与投诉的基本方法。

问题导向　你还会再次乘坐本航班吗？

6封表扬信

2011年6月8日上午10时，已延误了16个小时的CZ3357张家界至北京航班终于从张家界荷花国际机场顺利起飞！16个小时的长时间延误，南航湖南分公司客舱部彭斌乘务组不仅没有被投诉，反而收到了"异口同声"的6封表扬信。

6月7日下午5时，由于北京雷雨，CZ3357张家界至北京的航班暂无起飞时间，只得机上等待，1小时、2小时……152名旅客中的部分旅客开始坐立不安，指着乘务员破口大骂。彭斌乘务组自始至终在客舱穿梭，为旅客做好解释工作，并提供饮料；每隔20分钟就向旅客通报航班动态，虽然每次的信息都让大家失望，也会再次招来辱骂，但乘务组全体人员仍旧坚持这样做。坐在头等舱中的王女士原本打算当天到达北京后，再转机去哈尔滨，由于此段航班的延误，使她的后续行程全部打乱。焦急之下，她向乘务长求助。乘务长听到后，耐心地安慰她，答应给她做好后续航班的衔接。此时，由于在机舱等待已有4个小时了，旅客的忍耐性已接近底线。乘务组全体人员仍然坚守客舱。嗷嗷待哺的婴儿哭闹不停，乘务组人员立刻给她冲泡奶粉；年纪较大的旅客已渐入梦乡，乘务组人员为她轻轻盖上毛毯；饥饿、干渴同时困扰着旅客，乘务组人员为旅客一次又一次地端茶、送水。

机上等待、下机等待、再上机等待、又下机等待，筋疲力尽的旅客拖着行李反复来往与机场和宾馆之间,最后得到的消息是"当日航班取消"。一晚上的3次曲折经历,让乘务组感到惊讶的是:他们陆陆续续收到了6封表扬信。表扬信中纷纷对乘务组人员的服务表示肯定与感谢。周先生在信中说道:"乘务长的耐心、细心,让我很受感动"。金先生对全体乘务组人员"努力解决我们的问题和尽量满足我们的需求的姿态"很满意。这是南航湖南分公司客舱部自2011年以来,收到最多的航班延误后的表扬信。

【案例思考】

为什么航班延误16个小时后,该航班的乘务组还能收到6封表扬信呢?

任务一　旅客投诉心理

一、引起旅客投诉的原因

1. 客观原因

（1）设备设施原因。引起旅客投诉的设备设施原因主要有航班座位、班次有限而令旅客无法买到机票；航班因天气、机械故障等原因延误或取消，引起旅客的不满等。

（2）服务标准众口难调。在对民航服务的要求上，1 000个旅客就有1 000种标准。面对来自世界各地的旅客，由于语言障碍、自然环境、突发事件、风俗习惯等客观条件的影响，服务很难尽善尽美。

（3）旅客个性差异。服务质量与服务态度的评价常常受到旅客心理感受的直接影响。由于旅客的气质、性格、情绪、需要不同，对于同样的服务，有的旅客满意，有的则不满意。在产生不满意的消极情绪时，旅客处理问题的方法有着明显的差异。一般而言，性格外向的旅客更愿意去投诉，性格内向的旅客可能会选择自我消化。所以，不能武断地认为旅客没有投诉就是服务没有问题。不容忽视的是旅客将不满埋在心里，不投诉，这意味着公司可能永远失去这位旅客。

2. 主观原因

（1）对旅客不尊重。在接受服务过程中，旅客都希望得到空乘人员的尊重，这是旅客的共同心理特点。空乘人员对旅客不尊重极易引起旅客投诉。不尊重旅客的表现通常如下：

1）冷漠对待旅客。
2）语言粗鲁，冲撞旅客。
3）行为举止不文明。
4）对旅客厚此薄彼。
5）不尊重旅客的风俗习惯等。

这些都会令旅客反感甚至觉得自尊心受损，严重时则会引起投诉。

（2）工作不负责任，服务水平不高。空乘人员责任心不强，工作粗枝大叶，对旅客敷衍了事，没有完成旅客交代的事情或该做的工作却不做等都是造成旅客投诉的主观原因。例如，在飞机上给旅客发餐时，遇到睡着的旅客，空乘人员忘记放置睡眠卡在他的位置上，旅客醒来就会觉得自己既没有餐食也没有提醒，自然会觉得不满；旅客向空乘人员提出需要一条毛毯，空乘人员应答后却忘记去拿或没有毛毯了却不回复旅客，让旅客一直等待；洗手间的洗手池里有呕吐物或其他垃圾却没有人清理；旅客询问空乘人员航班降落在机场的哪个到达区，空乘人员却说不知道等。以上种种都会引起旅客的不满甚至投诉。

二、旅客投诉的一般心理

1. 求尊重心理

旅客作为被服务者、消费者，有权利获得价质相符的服务。每个人都有自尊心，都有维护自己利益的本能。当旅客觉得利益受到侵害时，为了维护自己的利益、维持自尊，并证明自己是正确的、空乘人员是错误的，往往会变成投诉和冲突的导演者。旅客希望得到认同和尊重，希望有关人员、有关部门重视他们的意见，向他们表达歉意等。

2. 求发泄心理

旅客在遇到不称心的事情后，会产生挫折感，继而产生抵触、焦虑、愤怒等情绪。只有通过适当的方式将这些情绪宣泄出来，旅客才能恢复心理平衡。投诉便是一种有效的发泄方式，通过口头或书面形式，将自己的烦恼、愤怒表达出来以后，挫折感会减少，心境会变得平静、轻松。

3. 求补偿心理

旅客在遭受了物质损失或精神损失后，自然希望能够得到一定的补偿，以弥补自己的损失，而且随着维权意识的增强，旅客也越来越精于保护自己的权益。尤其在航班不正常时，旅客寻求补偿的心理表现得更为突出。旅客对于航空公司常规的免费安排餐饮、车辆、住宿等服务不满足，或因不了解关于航班延误或取消的赔偿标准，往往会提出更高的赔偿要求，有时甚至失去理智地发展为不赔偿就不下飞机的违法行为。

4. 求保护心理

旅客投诉也是自我法律保护意识的觉醒，通过合法的途径投诉，使事情得以解决，既是为自己，也是为所有消费者寻求利益保护。通过投诉，使相关部门重视旅客的反映，并不断改进，服务质量不断提高，今后空乘人员旅客才能得到更优质的民航服务。

任务二 如何正确处理旅客投诉

一、理解和接纳旅客投诉

对于民航企业来说，旅客不满意味着旅客将获得的民航服务的实际效果与自己的期望值相比后感到失望，也就是旅客感知的服务效果与其期望值之间存在较大的差距。因为这个差距，旅客进行投诉是自然而然的事情，空乘人员不必气愤、焦急，应当保持平和的心态去面对。

一方面，旅客之所以不满并进行投诉，说明民航企业的工作还有需要改进的地方。旅客提出投诉从侧面反映了旅客对企业的信心，认为企业可以解决问题并且会重视和关注旅客，是出于对民航企业的信任和爱护，是支持民航企业工作的一种表示。反之，当旅客认为某些服务并不重要，不值得他们花费时间精力或认为收效不确定，不相信民航企业会愿意并有能力解决问题时，旅客就不会提出投诉，之后这位旅客不仅可能会放弃该企业，甚至还会将糟糕的服务感受告知他人，从而导致潜在旅客流失，这对民航企业来说无疑是更大的损失。

另一方面，旅客进行投诉是由于自己的利益受到了损失。旅客作为消费者，自然要求自己的消费能够物有所值。一旦旅客认为获得的消费价值与付出不符，就会感到不满意，并希望通过投诉获得他应该得到的价值。例如，空乘人员的态度恶劣使旅客的自尊心受到伤害，乘坐的飞机设备设施出现问题，旅客没有享受到应有的舒适和方便等。因此，空乘人员应该将旅客投诉看作旅客维护自身利益的一种表达。

二、认清旅客投诉和抱怨的意义

旅客的投诉和抱怨是对民航企业工作有所不满而发出的，或许会让空乘人员感到伤害或委屈，但对民航企业而言是极其宝贵的信息来源。

（1）旅客投诉和抱怨可以反映民航企业在管理、设备及服务方面的缺点，从而使其获得改进、提高的依据。

（2）如果旅客的投诉和抱怨能获得满意解决，既能增加旅客对民航企业的正面评价、降低负面影响，又能使民航企业重新获得旅客的信任。

当旅客认为某些服务并不重要，不值得他们花时间精力或认为收效不确定，不相信民航企业会愿意并有能力解决问题时，旅客就不会提出投诉，但可能会事后向他人抱怨，从而影响企业口碑。因此，对于那些当面诉说不满的旅客，空乘人员应予以善待，抱着感谢的心态虚心倾听，接受他们的意见，并迅速采取措施进行改正。

无论是空乘人员还是企业本身，都必须认清这样一个事实：旅客投诉和抱怨是民航企业经营中最经常碰到的问题，必须予以重视，并应诚恳接受，妥善处理。旅客投诉和抱怨是一把"双刃剑"，解决得好会使民航企业获得一个改善、提高自己的好机会；解决不好，则会使民航企业的形象和声誉受损。

三、对旅客投诉的处理

空乘人员面对旅客投诉，应保持沉着、镇静与平和的心态，积极采取相应措施，有条不紊地化解旅客的怨气。

1. 迅速行动

如果投诉是在民航服务传递过程中发生的，只有在最短的时间内进行回应才能实现完全补救。如果投诉是在服务后发生的，24小时之内应有回应行动。迅速的回应行动会让旅客觉得自己受到重视，满足了旅客的尊重需要，这是解决问题的良好开端。

2. 承认旅客的感受

以诚恳的态度倾听旅客的投诉，对旅客的感受明确表示理解，将有助于重新建立良好的关系。例如，告诉旅客"我能理解您为什么觉得不满意"并表示歉意。当旅客的感受得到认同时，就容易对空乘人员和企业产生信任感，信任感的建立会促使旅客更愿意以冷静、理智的态度来沟通解决投诉问题。

3. 不要与旅客争辩

无论真相如何，发生投诉，就意味着服务还存在缺陷或是旅客遇到了困难和麻烦，需要帮助。听取旅客投诉的目的应是收集事实以获得双方都能接受的解决办法，而不是赢得争辩让旅客觉得企业没错。争辩会妨碍倾听，且几乎不能缓解愤怒情绪，甚至增加旅客对企业的负面评价。

4. 从旅客角度认识问题

学会站在投诉者的立场考虑问题，才能理解为什么旅客要投诉，进而提出最佳解决方案。空乘人员如果只从自己的角度看待问题，就会使思考变得片面了，偏激一点的甚至会认为旅客是故意挑刺。解决投诉并不是为了赶走旅客，而是为了留住旅客，因此接到投诉后，空乘人员应客观、理智地转换角度进行思考应对。

5. 澄清真相，梳理原因

服务令旅客不满可能是服务效率不高、旅客误解或第三方的过失行

读书笔记

为引起的。因此，空乘人员接到投诉时，要尽快核实情况，对旅客的投诉进行分析梳理，抓住问题核心，确定服务缺陷的发生原因。需要注意的是，对于一些复杂或一时查不清真相的投诉，不要急于表达态度，更不能随便承诺，要立即与有关部门联系后再做答复。

6. 给予旅客质疑的权益

并非所有旅客都是对的，并非所有投诉都是有理的，但接到投诉时，即使旅客言辞激烈，民航企业和空乘人员仍然应该先将旅客的投诉视为合理诉求，而不是第一时间质疑旅客。旅客作为消费者，购买了服务，就有权利对服务进行评价和提出不满。如果企业或空乘人员自身确无过错，可以有理有据、冷静耐心地向旅客解释说明。有时旅客投诉只是需要表明他不满的态度而已，如果马上遭到空乘人员的质疑，反倒令旅客不肯轻易罢休。

7. 提出解决问题的步骤

对于旅客投诉属实的问题，应积极道歉，如果能即时解决，在获得旅客同意的前提下应快速做出恰当的处理，不事先征求旅客的意见或处理方式不符合旅客的要求，会使旅客的不满情绪加重。如果无法马上解决，应告诉旅客企业将如何处理，表明企业正在采取补救措施，同时也令旅客对处理时间心中有数。

8. 告知旅客投诉的进展

不确定性会令人产生焦虑和沮丧的情绪，处理投诉的过程中，民航企业要让旅客知道事情的进展，即使是在事后处理的投诉，也应通过各种方式及时通知旅客，若旅客能一直知道事情的处理进展，会更容易接受处理结果。

9. 坚持重新获得旅客信任的良好意愿

旅客无论是基于何种心理投诉，在客观上都起到了帮助民航企业改正缺点、改进工作、完善服务的作用。企业应正视问题，始终以重新获得旅客信任为目标，以欢迎和接纳为应对态度，让旅客知道民航企业正在改进并努力避免同样问题再次发生。旅客感受到企业的诚意，自然愿意重新报以信任。

10. 吸取教训，完善服务

民航企业应善于利用每次投诉完善自身服务，做好投诉处理记录和报告，定期了解旅客对投诉处理工作的反映，及时总结工作中的疏漏和不足，完善管理制度，形成良好的监督机制，确保正确的补救措施得以执行；否则，补救措施制定得再完美，也只能流于空谈。

拓展阅读

处理客人投诉的 50 条建议

法国的菲利普·布洛克在其所著的《西方企业的服务革命》一书中提出了处理客人投诉的 50 条建议，复录如下，以飨读者。

(1) 对待任何一个新接触的人和对待客人一个样。
(2) 没有无关紧要的接触和不重要的客人。
(3) 投诉不总是容易辨认清楚的。
(4) 没有可以忽视的投诉。
(5) 一份投诉是一份机遇。
(6) 发牢骚的客人并不是在打扰我们,他在行使他的最高权利。
(7) 处理投诉的人一定被认为是企业中最重要的人。
(8) 迅速判明投诉的实质。
(9) 用关键词限定投诉内容。
(10) 每当无理投诉出现高峰时,应当设法查明原因。
(11) 在采取纠正行动之前,应立即对每份投诉做一礼节性的答复。
(12) 要为客人投诉提供方便。
(13) 使用提问调查表以方便对话。
(14) 组织并检查答复投诉后的善后安排。
(15) 接待不满的客人时,要称他的姓,握他的手。
(16) 处理投诉应因人制宜。
(17) 请保持轻松、友好和自信。
(18) 让客人说话。
(19) 要做记录,可能时使用一份印制的表格。
(20) 告诉客人他的问题由你负责处理,并切实去办理。
(21) 要答应采取行动,还要设法使人相信你的许诺。
(22) 要证明投诉登记在案后,你即开始行动。
(23) 告诉客人他的投诉是特殊的。
(24) 不谈与客人无关的私事。
(25) 防止露出羡慕、烦躁或偏执等情绪。
(26) 既要让人说话,又要善于收场。
(27) 学会有效发挥电话的功用。
(28) 要像对待你的老主顾那样,对待不是你的客人的人。
(29) 决不要在地位高的客人和棘手的问题面前胆怯。
(30) 要核实别人向你传递的消息。
(31) 要让别人听你的话,但扯着嗓门叫喊是徒劳的。
(32) 复述事实莫带偏见。
(33) 切忌轻率地做出判断。
(34) 想一想有否立即答复的可能,问一问客人希望你做些什么。

（35）别急于在电话中商讨解决问题的方案。
（36）请留下你向客人所做的任何诺言或保证的书面记录。
（37）如你当场爱莫能助，不妨先宽宽他的心。
（38）在对话时，对方未说完之前，切莫打断。
（39）对话完毕，立即采取行动。
（40）写一份意见书，投给你作为顾客的某个企业。试探一下别人对待你的方式。
（41）千万别对客人说"您应该……"
（42）凡是收到和寄出的一切都得签注日期。
（43）要结识那些有多次不满的客人。
（44）除非万不得已，不用电话答复书信。
（45）尽快索取你可能需要的补充信息。
（46）若情况允许，就用幽默致歉。
（47）接受过你服务的客人，可能成为你的朋友。
（48）总是由客人说了算。
（49）用典型模式提高速度。
（50）时刻为客人着想，为客人工作，如同你是客人一样。

项目小结

1. 引起旅客投诉的原因包括客观原因和主观原因。
2. 旅客投诉的一般心理包括求尊重心理、求发泄心理、求补偿心理和求保护心理。
3. 对旅客投诉的处理包括迅速行动；承认旅客的感受；不要与旅客争辩；从旅客角度认识问题；澄清真相，梳理原因；给予旅客质疑的权益；提出解决问题的步骤；使旅客知道进展情况；坚持重新获得旅客信任的良好意愿；吸取教训，完善服务。

思考与练习

1. 怎样正确对待服务过程中出现的差错？
2. 引起旅客投诉的原因有哪些？

模块四

我"心"我做主——
空乘人员的心理保健

项目十一　民航员工心理健康管理

通过本项目的学习，了解心理健康的特征，熟悉心理健康的影响因素，掌握提高心理健康水平的途径。

通过本项目的学习，能够掌握相关的心理保健知识，提高心理健康水平。

通过本项目的学习，能够积极乐观地面对生活，使自己达到身心健康的水平。

空乘人员的心理健康可能受到哪些方面的影响？

飞行箱里的美好秘密

飞行箱是每个出差空乘人员必备的工作组件。色彩为黑色，简单的外形，清晰的标志，拉杆箱的设计，一系列的特征向外界传递着严谨、规范、训练有素的职业形象。当一队空乘人员拉着飞行箱走过人们身边时，意味着繁忙的飞行生活就要开始。飞行箱里装着什么，航空公司有什么统一的要求吗？空乘人员会为自己的飞行箱注入怎样的内容呢？

通常情况下，航空公司会对乘务组的出差装备有严格的要求。国航的要求是，空乘人员出差必须携带的物品包括走时准确的手表、各种证件、专门定制的围裙和平跟皮鞋等。除手表外，其他装备一律装在飞行箱里。可是，长时间离开地面，在封闭的客舱中度过自己的光阴，航空公司要求携带的装备显然不能够满足空乘人员的空中生活需要。空乘人员的飞行箱中还携带了些什么呢？哪些物品是必须携带，哪些物品又是可以省去的呢？

飞行箱的容积是有限的，不可能将自己喜欢的日常用品全部带上。放入航空公司要求必须携带的物品，飞行箱所剩的空间方更是狭小。尽管这样，有一些个人用品还是应该带上，可以用来调节情绪，以利于更好地完成工作，如全家福照片、小记事本、最爱吃的零食等。

【案例思考】

1. 案例中提到的全家福照片、小记事本、最爱吃的零食对空乘人员更好地完成工作会起到哪些作用？

2. 你认为还有哪些方式可以更好地帮助空乘人员减轻压力、调节情绪？

任务一　心理健康概述

健康是人类生存和发展的最基本条件，是人生第一财富，是每个人所渴望的。服务行业的从业人员保持健康良好的心态尤为重要，试想一个心理不健康的员工如何为顾客提供优质周到的服务？但在日常生活中，人们对于健康的理解常常局限于身上没有缺陷和疾病，其实，健康的概念远非人们理解得那么简单。

一、心理健康的定义

人如果只有身体结构和生理功能上的正常还不能算健康。健康的含义还应当包括思维等心理活动的正常、个性的正常与行为的正常。为此，世界卫生组织将健康定义为"既没有身体上的疾病与缺陷，又有完整的生理、心理状态和社会适应能力"。1946年，世界卫生组织成立时，在其宪章中对健康的具体内容做了如下解释：

（1）有充沛的精力，能从容不迫地负担日常工作和生活，而不感到疲劳和紧张。
（2）积极乐观，勇于承担责任，心胸开阔。
（3）精神饱满，情绪稳定，善于休息，睡眠良好。
（4）自我控制能力强，善于排除干扰。
（5）有较强的应变能力，反应速度快，能适应外界环境的各种变化。
（6）体重适中，身体匀称。
（7）眼睛炯炯有神，善于观察。
（8）牙齿清洁，无空洞，无痛感，无出血现象。
（9）头发有光泽，无头屑。
（10）肌肉和皮肤富有弹性，步态轻松自如。

微课：心理健康概述

读书笔记

心理学家们所进行的大量心理学研究也证明，人的健康状况是一个整体，身体的状况与心理的状况相互影响。身体的缺陷和长期疾病会影响到心理的健康和个性的发展，心理的状况也会影响到身体的健康。不适当的情绪反应会导致特定的身体症状，诱发疾病，而某些特定的性格特点也常常与某些身体疾病有着不可分割的联系。

何谓心理健康？怎样才算是心理健康的人？许多学者对此提出了各自的观点。一般认为，心理健康是一种心理状态，是个体在其本身及环境许可范围内所能达到的最佳功能状态。具体来说，它是指一个人的心理特征不偏离正常范围，其情感、思维、意志、行为对自身和社会是有价值的，能够成为发挥自己高水平的机能，对现实具有统一性和协调性，没有表现出疾病的症状，有完整的自知力（对自己的客观化、实事求是地看待自我），能在社会认可的范围内满足欲望。

二、心理健康的特征

心理学是一门古老而年轻的发展中的学科，许多心理现象和规律尚处于未知或知之不多阶段，同时又受到不同的社会文化背景、民族特点、经济水平、意识形态、学术思想导致的不同认知体系、价值观念的影响，致使至今尚无被世界各国、各民族公认的科学的标准体系。半个多世纪以来，世界各国的心理学家从不同角度对此进行了积极的、有益的探索，提出了许多观点，心理健康的几个基本特征已被公认。

1. 智力正常

智力是人的注意力、观察力、记忆力、想象力、思维力和实践活动能力的综合，是人脑活动整体功能的表现，而不是某种单一的心理成分。智力正常是一个人生活、学习、工作的最基本的心理条件。目前已有不少国际公认的智力量表具有相对科学性和实用性，如美国的韦克斯勒（1943年）发明的智力测验和法国的比内·西蒙（1908年）推出的智力量表。根据世界卫生组织的规定，正常人（包括青少年和儿童在内）智商必须在85分以上（韦氏儿童智力量表规定，智商必须在80分以上），这是智力正常的最低要求；70～79分是智力缺陷的范围，已属心理缺陷；70分以下则属于低能，在心理疾病范畴；智商超过130分为智力超常，但也属心理健康范畴。

2. 较好的社会适应性

较好的社会适应性是指个体能够根据客观环境的需要和变化，通过不断调整自己的心理行为和身心功能，达到与客观环境保持协调的和睦状态。它主要表现在以下3个方面：

（1）具备适应各种自然环境的能力。任何一个心理健康者尤其是青年人，为了某种需要，应该具备在各种自然环境中生存的能力。

（2）具备人际关系的适应能力。正确对待、处理和协调好各种人际关系，是衡量和判断社会适应性的核心和关键因素，是心理健康的重要标准之一。

（3）具备适应不同情境的能力。情境一般指个人行为所发生的现实环境与氛围，有广义和狭义两种。前者是指社会历史进程、国际形势等；后者是指个体心理行为活动时所处的场所、氛围，接触对象的态度、情绪及期待等，如考核、演讲、比赛等场合。狭义的情境要受到广义的情境的制约和影响。心理健康者能够在不同时空和各种情境中调整平衡自己的心理状态，并充分发挥个人心理潜能和优势，以取得事业上的成功。

3. 具有健全人格

人格是指一个人在社会生活的适应过程中对自己、对他人、对事物在其身心行为上所显示出的独特个性，是一个人具有的稳定的心理特征的总和，又被称为个性（也称为个性心理）。健全的人格是指构成人格的诸要素，如气质、能力、性格、理想、信念、人生观等各方面能平衡、健全地发展。

著名的发展心理学家阿尔伯特从人本主义自我实现的需要出发，提出了健全和成熟的人格指标：

（1）有自我扩展的能力。健康的成年人能够积极、广泛地参与社会活动，有许多兴趣爱好。

（2）有与他人热情交往的能力。健康的成年人能与他人保持亲密关系，无占有欲和妒忌心；有同情心，能容忍与自己在价值观念和信息上有差别的人。

（3）在情绪上有安全感和认同感。健康的成年人能忍受生活中无法避免的冲突和挫折，经得起突然袭来的打击。

（4）具有现实性。健康的成年人看待事物是根据事物实际情况而非自己所希望，是看清情境和顺应它的"明白人"。

（5）有清醒的自我意识。健康的成年人对自己所有的或所缺的都知晓清楚、准确，理解真实的自我与理想的自我之间的差别，也知道自己与他人对于自己认识的差别。

（6）有一致的人生哲学。健康的成年人有符合社会规范的、科学的人生观，为一定的目的而生活；在意识形态、信念和生活方面能够对他人产生创造性的推动力。

4. 情绪稳定，能够保持良好的心境

过度的情绪反应，如狂喜、暴怒、悲痛欲绝、激动不已，以及持久的消极情绪，如悲、忧、恐、惊、怒等，可使人的整个心理活动失去平衡，不仅左右人的认识和行为，而且会造成生理机能的紊乱，导致各种躯体疾病。而愉快、喜悦、乐观、通达、恬静、满足、幽默等良性情绪，有益于身心健康和调动心理潜能，有利于进一步发挥人的社会功能。因此，保持情绪稳定协调和良好的心境是心理健康的又一重要标准。

心理健康者能保持愉快、开朗、乐观的心境，对生活和未来充满希望。虽然他也有悲、忧、哀、愁等消极情绪体验，但能主动调节；同时能适度表达和控制情绪，做到喜不狂、忧不绝、胜不骄、败不馁。

5. 有健全的意志和协调的行为

意志是人自觉地确定目标并支配其行动，努力实现预定目的的心理

读书笔记

过程。意志与行为难以分割，没有行为，看不出一个人意志活动的实质，受意志支配和控制的行为称作"意志行为"。一个人意志品质的高低、强弱及健全与否，取决于以下4种心理品质：

（1）自觉性。自觉性即对自己行动的目的和意义有明确认识，并能主动地支配和调节自己的行动，使之符合自己行动的目的。自觉性强的人既能独立自主地按照客观规律支配和调节自己的行为，又能不屈从周围的压力和影响，坚定地去完成任务。与自觉性相反的意志品质是懒惰、盲从和独断。

（2）果断性。果断性是善于迅速明辨是非、合理决断和执行的心理品质。

（3）自制性、自控性。自制性、自控性是指善于促使自己执行已采取的决定，制止和排斥与决定无关的行为，克制自己的负性情绪和冲动行为。

（4）坚忍性。坚忍性是指坚持自己的决定，为达到目标百折不挠，勇于克服困难。

正常行为的指标如下：

（1）行为的大多数是受理智控制而尽量不受情感和非意识支配的；

（2）行为的适应是采取弹性方式处理问题，而非固执僵化。

6. 心理特点符合心理年龄

每个人都有3个年龄层次，即实际年龄、心理年龄和生理年龄。

（1）实际年龄是指人的自然年龄。

（2）心理年龄是指人的整体心理特征所表露的年龄特征，心理年龄与实际年龄并不完全一致。人的一生共经历8个心理时期，即胎儿期、乳儿期、幼儿期、学龄期、青少年期、青年期、中年期、老年期。每个心理时期都有不同的心理特点，如幼儿期天真活泼；青少年期自我意识增强，身心飞跃突变，心理活动进入剧烈动荡期；进入老年期，心理活动趋向成熟稳定，老成持重，身心功能弹性降低，情感容易倾向忧郁、猜疑。

（3）生理年龄是指生理发育成长的年龄特点，生理年龄与实际年龄也不一定完全一致，如营养不良的人生理发育延迟，也就是生理年龄小于实际年龄。

所谓心理特点符合心理年龄，是指以下两个方面的标准：

（1）个体的实际年龄必须与心理年龄、生理年龄相符；

（2）个体的不同心理发育期应表现出与该时期身份、角色相符合的心理特征。

除以上主要特征外，一个人心理健康，还表现为情绪稳定与愉快、行为协调统一，具有良好的人际关系和良好的适应能力等特征。心理健康并非超人的非凡状态，一个人心理健康也不一定在每一个方面都有表现，只要在生活实践中能够正确认识自我，自觉控制自己，正确对待外界影响，使心理保持平衡协调，就已具备了心理健康的基本特征。

三、影响心理健康的因素

完全"健康"的人是不存在的。要求自己在所有时间保持100%的良好心理健康，这既不现实也不可能。因为每个人都会在生活中遇到各种挫折，从而出现短期的反应性情绪波动。这样的时刻如果去做心理症状的量表，会发现自己有"严重的心理问题"，如极为严重的痛苦、忧伤、焦虑、愤怒甚至绝望等，但那并非说明患了什么严重的病，恰恰是"非常时期"的正常表现。所以，在生命中85%的时间内，能具有一种基本良好的生活适应状态，就是正常而且健康的。但是，如果这些负性情绪在时间和强度上与一个人所受的挫折不匹配，如过强或过长，就有可能影响心理健康，甚至是心理不健康的表现。

有可能影响一个人心理健康的适应问题，通常包括以下几方面：

1. 人际适应问题

人际适应问题包括工作关系、家庭关系、友情关系及熟人关系的适应等。

（1）工作关系。在工作关系中，需要适应的包括同事关系、上下级关系和与顾客的关系等。有些人一想到上班就心情不好，上班后工作也常常出错，一个很重要的原因就是工作中的人际关系出了问题。

（2）家庭关系。家庭关系包括夫妻关系、亲子关系、兄弟姐妹关系及各种亲戚关系等，这些关系处理不好，人的生活质量会受到严重影响，心情自然就会受到负性情绪的腐蚀。

（3）友情关系。友情的重要性人所共知，友情是人的社会资源之一。友情关系出了问题，人就会感觉苦恼、不安、寂寞、无助、担心等，时间久了，就有可能成为心理问题。

（4）熟人关系。熟人关系包括同学、同事、室友及邻里关系等。熟人关系看起来是人际关系中最松散、也最不重要的一部分，但往往也是最容易困扰人们情绪的一种人际关系。由于这种关系的发生频率最高，而个人既不可能像与上级或与学生一样保持距离，也不可能像与亲友一样亲密无间，因此免不了发生摩擦，又往往在不经意间就有可能造成误解，加之缺乏类似亲友之间的沟通渠道和方法，常常给人造成坏心情。

2. 环境适应问题

环境适应问题是指物理环境与人文环境的适应。

老人离、退休，年轻人参加工作，各级新生入学、离校，工作人员辞职、下岗，自己的职位提升或下降，周围人群对自己的接纳程度，搬迁，丧失亲友等，所有这些变化，都会向人的环境适应力提出挑战。善于适应的人，很快就能在新环境中有新发展；而不善于适应的人，则有可能在新环境中产生大量的负性情绪而无法自拔。很多人有一个误区，以为职位升迁、受到嘉奖、搬进大房子等这样的好事不存在适应问题。其实不然，所有环境变迁都存在适应问题。

3. 学习与工作适应问题

学习与工作适应是指对事的适应，包括能否很快了解和胜任工作与学习，能否在工作或学习中充分体现自己的能力并从中体验到乐趣。如今高科技带来的日新月异的发展，更对每个人的学习能力和成长能力提出了严峻的考验，如果自己不懂得以不断的学习与充电去适应环境，对工作就难以胜任并感受不到愉快，产生心理问题的可能性便会增加。

4. 自我适应问题

自我适应包括对自己身心发育的适应，对自己社会角色的适应，还有对在不断的自我实现中的适应，以及对自己不断增长的愿望的适应等。

一个未曾适应自己的人，是很难与环境和平共处的。每一个重大的人生发展阶段，都是人自我适应的关键期。在这些关键的人生发展阶段，很多困扰都是由于人的自我适应没有调节好而引发的，很多环境适应问题，其根源都在于此。

心理健康水平是一个连续体，心理健康与心理病态或心理异常之间是没有明确界限的。如果不注意保护自己的心理健康，心理健康水平将会不断下降，甚至出现心理病态，变成心理障碍患者。我们也应意识到，自己目前尽管是正常的，但并不是心理健康的最佳水平，我们可以通过自己的努力来不断提高自己的心理健康水平，使个性不断得到发展。

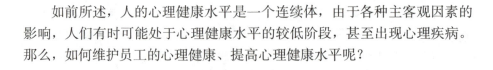

任务二　如何做一个心理健康的人

如前所述，人的心理健康水平是一个连续体，由于各种主客观因素的影响，人们有时可能处于心理健康水平的较低阶段，甚至出现心理疾病。那么，如何维护员工的心理健康、提高心理健康水平呢？

一、对心理疾病应有的认识

一般人对心理障碍或心理疾病认识不够，因此不是对之过分恐慌，就

微课：如何做一个心理健康的人

是对之讳莫如深。从心理健康的观点看，至少要有以下的基本认识：

1. 心理疾病是可以治疗的

虽然从一方面看，心理疾病的原因不易确定，治疗时效果缓慢，可是从另一方面看，这种疾病不易危害个人生命，而且具有很大的"不医而愈"的可能性。生理上的疾病多靠医术与药物，心理上的疾病则多靠患者自己的了解、信心与毅力。如个人不幸患有某种心理疾病，首先应该坚信，只要遵从心理治疗者的指导，心理疾病是可以治好的。

2. 心理疾病是可以预防的

虽然心理疾病的产生有遗传的因素，但一般来说主要是由于后天生活经验中不良适应已成习惯所引起的。长期焦虑是形成心理异常的主要原因，而焦虑又是由挫折、冲突和压力引起的。因此，减少员工遭遇挫折与冲突的机会，缓解员工的压力，培养员工适应环境的能力，培养员工多方面的兴趣，建立正确的人生观和世界观是非常重要的。人处在竞争激烈、生活紧张的社会里，固然不能遇事退却，但也不能过分强求自己力所不及的事。所以，对人对事要拿得起、放得下，才不至于患得患失，整天处于紧张、防卫、焦虑的情绪状态。

3. 每个人都有可能患心理疾病

任何人在一定的时间和地点等条件下，都可能会有某种程度失常的表现，可能会得心理疾病，也可能只是在某些行为偏差上，只是程度不同的分别罢了。况且所谓"失常"，还有健康与不健康的区别。因此，任何人都不必为自己"幸免"心理疾病而庆幸。患有心理疾病并不可耻，不能歧视或鄙视心理疾病患者。心理正常的人，对心理失常的人不应讥笑、讽刺、厌恶、疏远。否则，心理失常的人就会形成自卑、讳疾忌医——怕别人说他有病的心态，不愿向别人倾诉他们心中的积郁、烦恼、苦闷，而且对别人戒备、怀疑、恐惧，这就会使病态加重。每个心理健康的人除要保持心理健康、防止发生心理疾病外，还可以帮助已经心理失常的人，使他们早日恢复健康。

二、如何提高心理健康水平

心理学家强调，一个人没有心理障碍并不能说明他就有真正健康的个性。没有心理障碍只是达到真正心理健康的第一步，真正健康的、理想的个性所达到的发展水平，要远远高于一般水平。

心理学家发现，一般心理健康水平的人尽管没有任何心理障碍，也能够适应日常生活的各种要求，并能够满足自己的各种需要，甚至对平时生活的各个方面也感到满足，但是这些人仍常常感到生活无聊、厌烦和每况愈下。其中，许多人虽然生活舒适、工作稳定、家庭温暖，生活中似乎也

没有碰到什么大的问题和困扰，但他们也从来没有高度振奋的体验和压倒一切的生活热情，也没有明确执着的追求和强烈的奋斗与献身精神。事实上，这是因为这些人还有很多潜能没有得到发挥，还没有达到自己能够达到的发展水平和生活状况。因此，心理学家指出，心理健康水平直接影响着一个人心理能量发挥的程度，影响着他的身体健康、生活状况与成功，更影响着他个性所达到的发展水平。

很显然，既然一般的心理健康水平有着如此明显的局限，既然心理健康水平对人的身心状况与生活状况有如此重要的意义，那么，提高心理健康水平对每个人来说都是非常重要的。

提高心理健康水平的途径，主要有以下几个方面：

1. 了解并接纳自己

俗话说，知人容易知己难，这是人类行为上的一大缺点，也是形成心理失常的主要原因之一。所谓"知己"，就是了解自己，了解自己的优点、缺点、能力、兴趣等。不切实际的自我概念会直接造成种种困难。如过高或过低的估计自己都会使人丧失适合自己的发展机会。高估自己，会使人选择那些自己实际上达不到的目标，经受不必要的挫折；低估自己，则会使人丧失进取的热情，不去努力寻求发展。结果都是使自己不能顺利发展。

个人对自己的一切，不但要充分了解，还要坦然地承认并欣然地接受；不要欺骗自己，更不要拒绝或憎恨自己。有些人觉得怀才不遇，因而愤世嫉俗，甚至狂妄自大，都是由于不能充分了解自己。有些人过分自卑，自觉在团体中毫无价值，多是不接受自己。

一个人若要客观地认识并欣然地接受自己，应做到以下几点：

（1）要学会多方面、多途径地了解自己。在日常生活中，人们对于自己的判断和理解，往往高度依赖于小范围内的社会比较和别人对于自己的评价，而实际上，这样形成的自我概念有很大的局限性，无助于人们适应更大的生活范围。比如，许多大学生在中学阶段都是佼佼者，常常在老师和同学的一片赞誉中生活。可是，进入群英荟萃的大学后，他们就未必还是引人注目的人物了。这时，他们常常会找不到自己在集体当中的恰当位置，面临难以适应大学生活的困难。有许多人先是为自己确立了过高的目标，结果屡屡受挫，失败之后又很快从心高气傲转向自卑，甚至心灰意懒，再也鼓不起求胜的热情。

所以，要从多方面、多途径了解自己，不仅从稳定的生活世界周围来了解自己，还要从自己的整个生活经验来了解自己。既要了解别人对自己的评价、自己与别人的差别，也要了解自己操纵周围事物、把握周围世界的状况；既要了解自己的能力、身体特征，也要了解自己的性格、品德等。只有这样才能对自己有一个全面的了解，使自己在更广阔的领域中拥有不断发展的机会。

（2）要消除误解。在正统教育中，总是向人们灌输理想人格的观念，而忽视引导人们正视自己黑暗的或社会价值观所不接受的一面。事实上，人并不是一个理想的、死板的观念，而是一个活生生的有机体，因此人有冲动、有攻击性、有本能的欲望。人有时会产生与社会鼓吹的理想人格不相符的念头，有时会有与社会期望不相符合（但未必是犯罪或不道德）的行为。而这些念头和行为就常常成了不能自我接纳的根源。实际上，这种念头、这种行为每一个人都曾经历过。它们的存在并没有使我们比别人更丑恶、更低级。对此，人们应当正视，它们可能是人性的黑暗方面，但又是自然的方面。因此，它们无损于人们的价值和尊严。

（3）避免以唯一的标准进行社会比较。人们的自卑情绪也常常源于用唯一的标准来衡量自己。在一定的范围内，以唯一的标准来把自己同别人相比较，势必会出现优劣、高低之分。当自己处于不利地位时，就容易引起自卑和自我拒绝情绪。实际上，世界是复杂的，人身上更多的特征都具有两面性。在某一方面的落后（有时还是暂时的、偶然的）并不能成为自卑的理由，可能在更多的方面超越了别人。退一步说，即便以某一单一标准来衡量自己，对于在某一范围内优秀的人，在更大范围内来看未必还优秀；而在某一范围内落后的人，在更大范围内来看未必还是落后。

（4）适当的抱负水平。挫折常常会诱发自我拒绝情绪。在日常生活和学习中，有些挫折是无法避免的，而另一些挫折则常常是因为人们不切实际的成就欲望导致的。心理学家建议，最为适当的抱负水平，应当是选择既有适度的把握，又有适度的冒险的目标。如果不考虑把握，一味冒险，就会经常遇到挫折，既白白浪费精力，又给心理上带来消极影响。如果一味求稳，而不愿意承担一点风险，就会错过许多发展的机会，使自己总在原有水平徘徊。

读书笔记

2. 建立良好的人际关系

一位哲人说过："人生的美好是人情的美好，人生的丰富是人际交往的丰富。"心理学家马斯洛的需要层次理论也认为人有归属与爱的需要。人际交往可以缓解心理压力，提高认识能力，促进自我完善。如果人际关系不顺利，就意味着心理需要被剥夺，或满足需要的愿望受挫折，因此会产生孤立无援或被社会抛弃的感觉；反之，则会因有良好的人际关系而得到心理上的满足。与人交往时要热情友好，以诚相待，不卑不亢；要心胸开阔，宽以待人；要体谅他人，遇事多为别人着想，即使别人犯了错误，或冒犯了自己，也不要斤斤计较。否则，容易产生嫉妒不满或沮丧失落等不良情绪，久而久之，甚至发展为心理不健康。其实，人际交往中应首先体会自己在与人付出的过程中所获得的快乐与满足，这种快乐与满足又会感染别人，使其乐于与你交往，从而形成良性循环，保持良好的情绪状态，促进身心健康。

读书笔记

3．面对现实、适应环境

能否面对现实是心理正常与否的一个客观标准。心理健康者总是能与现实保持良好接触。心理异常者最大的特点就是脱离现实或逃避现实。现实与理想总有差距，人不可能事事如愿，一旦遇到不符合自己需要的人和事就采取逃避的态度，或悲叹自己"命不好""运气不好""处境不佳"，长此以往，就会精神不振，意志消沉。

4．积极参加劳动实践

参加劳动实践，无论是体力劳动还是脑力劳动，都能促进个体的发展，使自身保持与现实的联系，认识自己存在的价值。工作劳动的最大意义不只是获得物质报酬，从心理角度看，还具有表现个人价值，令个体获得满足的作用。对空乘人员而言，在为旅客提供服务的过程中，旅客的微笑、称赞、感谢都是他们存在的价值体现，也能令他们获得快乐和满足。

5．树立积极的生活态度

每个人都不可能一帆风顺，总会遇到挫折和磨难，会有心灰意冷、悲观失望、心情不好的时候。但是，心理健康者在大多数时候保持会积极乐观的态度。人一生要经历很多事情，不可能事事顺心，换个角度想，正是挫折和磨难才让人一步一步走向成熟，只要始终坚持自己的信念，追求自己的目标，积极地去努力、去奋斗、去拼搏，就会发现人生的天空如此广阔。

以上介绍了一些提高心理健康水平的途径，但心理健康的维护主要还是靠自身。心理疾病的治疗需要心理医生的指导，也要依靠自身的恒心和毅力。在生活和工作中，认识到心理健康的重要性和掌握心理保健的方法，不仅能维护心理健康，还可以修正行为，使自己达到身心健康的状态。

项目小结

1．心理健康是一种心理状态，是个体在其本身及环境许可范围内所能达到的最佳功能状态。

2．心理健康的特征包括智力正常；较好的社会适应性；具有健全人格；情绪稳定，能够保持良好的心境；有健全的意志和协调的行为；心理特点符合心理年龄。

3．影响心理健康的因素包括人际适应问题；环境适应问题；学习与工作适应问题；自我适应问题。

4．对心理疾病应有的认识包括心理疾病是可以治疗的；心理疾病是可以预防的；每个人都有可能患心理疾病。

5．提高心理健康水平的途径包括了解并接纳自己；建立良好的人际关系；面对现实、适应环境；积极参加劳动实践；树立积极的生活态度。

思考与练习

1. 心理健康有哪些特征?
2. 如何提高自身的心理健康水平?

项目十二　空乘人员心理素质的培养和提升

通过本项目的学习，了解心理素质的内涵，熟悉空乘人员应具备的能力及意志品质，掌握空乘人员提高心理素质的策略。

通过本项目的学习，能够灵活应对民航服务中遇到的各种突发状况。

通过本项目的学习，能够学会和旅客有效的沟通，并能应对工作和学习中遇到的挫折，提高个人心理素质。

你应该如何应对挫折？

空乘招聘不仅拼颜值还要过心理测试关

2015年9月20日,东航江苏分公司举办了年内最大一场空乘招聘会。经过第一轮信息筛选,2 500多名报名者进入初试环节。未来几天,这些应聘者还将进入复试、英语笔试、体能测试等环节。记者了解到,与往年相比,今年东航江苏分公司首次招聘女空乘兼职安全员。在招聘环节中,今年也将首次尝试心理测验。

1. 面试环节高要求

"向左转、向后转、在评委面前微笑走过、从1号到10号自我介绍一下……"在昨天初试现场,记者看到前来应聘的空乘被随机编组,10人一组转转身、走一圈,简单自我介绍后,考官通过iPad对考生进行勾选,初选的面试环节就结束了。

通过面试的人,才可以测身高、体重、检查视力,等待今、明两天的复试。在面试中,记者发现不仅有大学生,还有已经工作多年的南航、厦航等航空公司空乘,有的甚至是已经工作8年的乘务组长。

和想象中不一样的是,面试中一些身材高挑、外形靓丽的女生并没有"入围"。东航江苏分公司人力资源部总经理凌先生告诉记者,考生们的身高、体态、语言表达、亲和力等就是通过转身、走圈及个人介绍传达给评委。

"除了个人形象气质外,招聘的标准也包含了逻辑思维能力、语言表达能力等综合素质。招聘空乘并不是说长得漂亮就行。"凌经理说。据介绍,此次招聘分为海选、初试、复试及体能测试等环节。他说,在复试环节上,2015 年首次尝试在规定时间内完成心理测试,并实行淘汰制。而通过复试后,考生们基本上就可以进入培训过程了。

2. 首招兼职女安全员

据悉,东航江苏分公司 2015 年首次招聘女性空中乘务员兼职安全员。与单纯的空乘相比,兼职女安全员的标准更高。凌经理介绍说,女性空乘身高底线是 1.63 米,而兼职安全员则必须高于 1.65 米。同时,兼职女安全员还要完成如短跑、1 500 米长跑、仰卧起坐等体能测试。

面对这样的要求,一部分前来应聘空乘的女生表示,身高的要求不难,体能测试可能是道"坎",但也有人表示自己平时就很注重锻炼,体能测试应该不难。来自南昌理工学院的小崔告诉记者,她在大一时就选修了女子防身术、跆拳道等课程,平常生活中也经常慢跑,骑动感单车。

【案例思考】

1. 为什么空乘招聘的要求越来越高?
2. 空乘人员应具备什么样的心理品质?

读书笔记

任务一　空乘人员的职业心理素质

民航服务工作是一项特殊的职业。它既充满着神奇、光彩，为很多人所向往，同时又集风险、劳累、挫折等不利因素于一身。作为空乘人员，除具备过硬的业务素质外，优秀的心理素质更是必不可少的，它对于空乘人员的身心工作有着相当大的影响。

一、心理素质的含义

心理素质是指以个体的生理条件和已有的知识经验为基础，将外在获得的刺激内化成稳定的、基本的、衍生的并与人的适应行为和创造行为密切联系的心理品质。心理素质的形成源于生理、心理和外部条件。或者说，心理素质是以先天的禀赋为基础，在环境的教育、影响下形成并发展起来的稳定的心理品质。

例如，在先天禀赋方面，有人活泼好动，有人沉默寡言；有人暴躁，有人温柔；有人行动敏捷、灵活，有人缓慢、呆滞等。在智力因素方面，有的人记忆力好，有的人思维能力强等。在非智力因素方面，有人谦虚，有人骄傲；有人认真，有人马虎；有人意志坚定，有人怯懦、退缩；有人果断，有人寡断；有人会迎着困难上，有人则知难而退；有人追求物质的需要，有人更注重精神的需要等。

二、心理素质的影响

心理素质作为空乘人员的素质的重要组成部分，不仅是其身心健康的重要标志，而且将对其他素质的形成和发展起推动和促进作用。良好的思想、道德、技能等素质，必须建立在良好的心理素质的基础上。无论是业务知识的获取，还是个体能力的发挥、思想品德的形成，无一不以认知能力、情感意志为基本心理成分，以心理过程和能力性格等个性心理特征的形成为基础。一个心理素质差的空乘人员，不能顺利完成工作，也不可能战胜各种困难和挫折，不可能充分挖掘自身的各种潜能。相反。一个具备健康心理素质的空乘人员则能做到自尊、自爱、自律、自强，善于自我心理调适，从容适应工作和社会环境，有较强的耐受挫折和逆境的能力，能与人和睦相处、真诚合作，出色地完成工作，并不断发挥潜能。

微课：空乘人员的职业心理素质

心理健康的人，其目标追求明确、具体而现实，在目标实现过程中既能持之以恒，又能沉着应对困难和挫折，因此在事业上能比一般人更有建树。对空乘人员而言，优秀的心理素质对其身心及工作的影响主要体现在以下几个方面：

1. 有利于顺利完成工作

民航服务工作是一项非常辛苦的工作，需要消耗大量的生理和心理能量，会带来疲劳和紧张，而且空乘人员经常会遇到"刁蛮"旅客而遭受委屈和误解，甚至投诉。这些在工作中常发生的不愉快，很容易使空乘人员产生多种不良情绪。由于工作本身的特点，空乘人员很容易处于高度紧张的心理状态中，因此，必须具有良好的心理素质。这不仅有助于调整自身的心态，更重要的是能够保证工作质量，确保飞行的安全，顺利地完成工作任务。反过来，如果空乘人员心理素质不过硬，对旅客、对自己、对航空公司都将产生不利的影响，甚至带来难以挽回的不良后果。

2. 有利于自我发展

心理健康的空乘人员具有自我反省能力和自制力。健康的心理能使其正确认识和评价自己，正确对待工作中的挫折，无论身处顺境还是逆境，都能以乐观态度、进取精神正视现实、正视自己，以社会道德、法律规范来约束自己。反之，心理不健康的空乘人员则会表现出精神不佳、自卑、忧郁、苦闷与悲观，造成情绪、性格、人际关系上的缺陷，会直接影响其工作适应能力和发展目标的实现。

3. 有利于开发潜能

20世纪初，美国著名心理学家威廉·詹姆斯就曾断言，普通人一般只开发了其全部潜能中的极小部分。他说："与我们所具有的全部潜能相比，我们只苏醒了一半。我们的热情受到打击，我们的蓝图没能展开，我们只用了我们头脑和身体资源中的极小一部分。"健康的心理会促进空乘人员开发自己的潜能，注重发展、完善和实现自我。在面对工作中某些失败的教训时，他们一般不会产生哀怨或沮丧的不良情绪，而是有建设性地对待问题，努力争取工作的成功。

4. 有利于增强自信心

现代社会要求空乘人员不仅具有良好的思想品德、优异的业务知识，还要有稳定的情绪、良好的人际交往能力和较强的工作适应能力等心理素质。健康的心理会促使空乘人员在学习和工作中积极培养和提高自身的综合素质，使其目标明确，努力追求成功。在遇到失败和挫折时善于总结经验，积极寻找新途径和新方法；在面对选择时勇于表现自己，善于推销自己，并能充满自信，不畏艰难和不怕失败，能以较强的业务知识和充分的思想准备，满怀信心地走向社会和工作岗位。

读书笔记

5. 有利于提高自制力

具有良好心理素质的空乘人员,能够善于控制和支配自己的情绪,约束自己的言行,促使自己去执行已经采取的决定,既能控制与实现目标不一致的思想情绪和外界诱因,保证不偏离既定活动目标,又能为实现既定的崇高目标,忍受各种磨难与痛苦。

三、空乘人员提高心理素质的策略

1. 培养健全人格

人格,是人心理的核心,反映一个人的处世哲学、精神风貌、道德品质。人格是身心健康的基础,也是心理健康与否的重要标志。因此,培养健全的人格是保持心理健康必须首先重视的一条。为此,应该做到以下几点:

(1) 树立正确的世界观、人生观、价值观,有崇高的理想境界和高尚的道德情操。

(2) 培养爱国主义和集体主义精神,要助人为乐、与人为善。

(3) 培养敢于面对现实、正视现实、求真务实的态度和开拓进取的精神。

(4) 锻炼坚强毅力,有胜不骄、败不馁的意志品质。

(5) 培养艰苦奋斗、勤奋工作(学习)、勇于追求真理的精神品质。

(6) 培养谦虚谨慎、沉着稳重、敢于和善于批评与自我批评的良好品质,努力使自己的言行举止与社会要求相适应。

(7) 培养开朗、豁达的性格,保持乐观、愉快的心境。

(8) 培养广泛的兴趣爱好,以愉悦生活、丰富精神食粮、帮助事业成功、增强适应生活环境的能力。

2. 要有自知之明

空乘人员对自己各方面的现状都应做到心中有数,做到自我评价客观、真实,唯有如此,方能使自己头脑清醒,立于不败之地,保证身心健康。

3. 培养战胜挫折的能力

人生难免有挫折,但如何对待人各不同。处理好挫折有利于身心健康,但首先要有战胜挫折的能力。为此,要不怕挫折,认真总结经验教训,分析挫折原因;要借鉴别人战胜挫折的经验和方法,在工作(学习)过程中逐步培养战胜挫折的能力。

4. 培养良好的环境适应能力

环境包括多方面,有自然环境、人际环境、工作单位、家庭和社会环境等。这些环境都需要很好地去适应。能很好地适应环境,无疑对身心健康有利。要适应环境,首先,要有思想和知识准备,因此,需要努力学习;其次,要培养冷静、稳重、果敢的性格和处理问题的能力;最后，要正视现实、总结经验教训、学会适应方法。

5. 培养积极心态

积极、良好的精神和情绪状态，是保持心理健康的一个重要条件。积极、向上、乐观的精神和情绪，有利于经受住来自各方面的考验，有利于锻炼应付与战胜困难和挫折的能力，使身心少受伤害。积极、良好的心态来自豁达开朗的性格和事事想得开的态度。

6. 理顺人际关系

人际交往是人生活的重要组成部分。人际关系状况直接影响人的情绪，进而影响健康，所以，理顺人际关系很重要。理顺人际关系，一是理解。理解对方的心情、难处。理解是缩小心理距离、处理好相互关系的基础。二是沟通。沟通可以了解相互间产生矛盾原因之所在，可以融洽情感、消除矛盾。三是谅解。对对方采取谅解、宽容的态度，能缓和对立情绪，为矛盾、冲突的解决提供有利条件。四是性格开朗、心胸宽广。有这样的性格和心胸，就不会为令人不快的人际矛盾而烦恼伤神，矛盾也容易解决。

7. 参加有益活动

积极参加有益的活动，如积极健康的文化娱乐活动、体操练功、旅游、公益劳动等。参加这些活动能愉悦心情、广交朋友、增长见识、锻炼身体、调节心理功能，自然有利于身心健康。因此，培养参加有益活动的兴趣和毅力是很必要的。

任务二　空乘人员的能力要求

能力是顺利实现某项活动的心理条件。能力的形成有遗传的作用，有环境教育的影响，也有实践活动的影响。能力是空乘人员做好服务工作的基础，民航工作的性质和特点对空乘人员的能力有以下要求。

一、观察能力

敏锐的观察能力是优秀的空乘人员必须具备的重要能力。观察敏锐的空乘人员能在最短的时间内，通过旅客的细微表现，如眼神、表情、言谈、身体语言等，把握和理解旅客的心理活动或服务需要，有针对性地给予满足。

空乘人员的观察能力培养主要靠平时的经验总结和一定的教育培训。随着工作年限的增加，空乘人员观察旅客的经验也与日俱增，积极思考总结，就能熟能生巧。同时，正规的教育或企业培训也能帮助空乘人员应用

读书笔记

理论知识指导实际工作，提升观察能力。

另外，还有两方面的因素影响空乘人员的观察能力。一是对工作的兴趣。对工作兴趣浓厚的空乘人员更能主动关注和理解旅客的表情、体态语等，并分析总结，丰富个人经验；而对本职工作缺乏兴趣的空乘人员往往敷衍应付，心不在焉，只关注自己不得不完成的工作部分，其他的一概忽略，自然就无法提高观察能力。二是空乘人员的心境。处于积极心境中的空乘人员容易兴奋并注意到旅客的细微之处；而处于消极心境下的空乘人员，则容易情绪低落，忽略周边情况。所以，空乘人员要主动积极地排除各种消极因素的干扰，集中精力强化自身的观察的敏锐性，从而不断提高观察能力。

二、记忆能力

空乘人员需要准确掌握各种民航服务知识，了解各种法律法规，还要熟悉与民航服务相关的其他信息，这些都要求空乘人员有良好的记忆能力。记忆能力也是提高工作技能和技巧的基础。空乘人员可以从以下3个方面来培养自己的记忆能力。

1. 实施理解记忆

理解后记忆的内容才更牢固，死记硬背的知识和法规都是死板的信息，在使用时往往发挥不了作用。

2. 反复实践强化

在工作中运用，在实践中强化，这样才能将知识和信息转化为内在的能力并支持服务工作。

3. 讲究记忆方法

记忆方法千差万别，从自己的工作实践中总结出来的记忆方法就是适合自己的。掌握适合的记忆方法，才能在服务工作中效率更高，更得心应手。

三、自控能力

自控能力是空乘人员必须具备的优良品质之一。空乘人员的自我控制能力体现了其意志、品质、修养、信仰等方面的水平，尤其是当与旅客发生矛盾时，能否抑制自己的感情冲动和行为，以大局为重，以旅客为重，真正做到"宾客至上"，是对空乘人员心理素质优劣的检验标准之一。

空乘人员可以通过加强思想修养和文化修养、培养意志力等途径提高个人自控能力。人的自控力在一定程度上取决于他们的思想素质，提高自控力首先要树立正确的人生观、世界观、价值观，保持乐观向上的健康情绪。同时，文化素质比较高的人往往能够比较全面、正确地认识事物，认识自我和他人的关系，自觉地进行自我控制、自我完善。锻炼提高自身意志力，则能

微课：空乘人员的能力要求

带来强大的决心和力量,排除外界干扰和影响,克服困难达到目标。

四、应变能力

应变能力是指处理突发事件和技术性事故的能力。它要求空乘人员在面对各类突发状况时,如旅客闹事、座舱失密、航班延误等,保持沉着冷静,善于抓住时间和空间的机遇,排除干扰,使问题的解决朝自己的意愿方向发展。同时,还要求空乘人员在处理问题的过程中,既讲政策性,又讲灵活性,具体情况具体对待,善于听取他人意见,从而正确处理各种关系和矛盾。

应变能力的差异可能有先天的因素,如多血质的人比黏液质的人应变能力高些;也可能有后天的因素,如长期从事紧张工作的人比工作安逸的人应变能力高些。应变能力是可以通过实践来逐步提高的。例如,空乘人员可以多参加富有挑战性的活动,如技能比赛、户外拓展活动等,在活动中提高心理素质水平,锻炼分析和解决问题的能力;平时也应注意加强自身素质修养,多熟悉民航业务知识,多与同事、前辈交流工作体会,积累经验,增长见闻,这些都有助于应变能力的培养。

五、语言表达能力

语言是空乘人员与旅客沟通的媒介。文明、真挚、恰当的语言可以吸引旅客、感染旅客,增强旅客的信任感。空乘人员的语言要求是严格的,要特别注重口头表达能力的培养,要能在任何情况下用简洁、准确的语言表达自己的意向,并把握好言语分寸和语气语调。选用合适的语句,准确、恰当地表达自己的思想是与旅客顺利交往的关键一环,"言不在多,达意则灵"。

空乘人员平时要多注意积累,有丰富的知识和词汇才能更有效地与旅客沟通;同时,有意识地培养与语言表达能力密切相关的思维、想象等能力。除此之外,在练好普通话的同时,应努力学习外语甚至地方方言等,使自己的语言表达能力更加完善,适应民航服务旅客语种多、来源广的需要。

任务三 空乘人员的意志力培养

一、意志力的概念

意志力是指人们为达到既定目的而自觉努力的程度或坚强的意志品

读书笔记

读书笔记

质。空乘人员只有具备顽强的意志力，才能有勇气从容应对民航运行和服务过程中可能发生的事情，甚至要有为事业献身的思想准备。

二、认识意志力培养的意义

1. 意志力是一种顽强的斗志

俗话说："有志者事竟成。""志"有志向及意志两层深意，有了明确的志向后更需要有强大的意志力去保持和推动不断地向目标迈进。古有司马迁受宫刑后仍专心写《史记》，曹雪芹遭家世落魄仍笔耕不辍，安徒生屡遭失业却不折不挠，爱因斯坦潜心研究终得"相对论"。所有的这些事例、人物都有一个共同点，促使他们走向成功的终点站，那就是坚强的意志。而北宋文学家苏轼说过："古之立大事者，不惟有超世之才，亦有坚忍不拔之志。"一个人只有具有坚强的意志，并确定明确的目标，满怀热情地去做，才能克服困难，到达成功的彼岸。

2. 意志力是一种能量

当人们善于运用这一力量时，就会产生决心。而人有决心就说明意志力在起作用。人的心理功能或身体器官对决心的服从，正说明了意志力具有巨大能量。

3. 意志力是人们获得成功的重要保障

孟子曾说过："天将降大任于斯人也，必先苦其心志，劳其筋骨，饿其体肤，空乏其身，行拂乱其所为，所以动心忍性，曾益其所不能。"这段话生动地说明了意志力的重要性。要想实现自己的理想，达到自己的目的，需要具有火热的情感、坚强的意志、勇敢顽强的精神，克服前进道路上的一切困难。这样，就没有什么不可能的！

"生活就像海洋，只有意志坚强的人，才能到达彼岸。"空乘人员在其学习、生活和工作实践的"海洋"中搏击，良好的意志显得尤其重要。因此，培养空乘人员的良好意志，不仅是民航工作的需要，还是每一位民航人应真正加以重视的问题。

三、意志力培养的方法

微课：空乘人员的意志力培养

意志力并非生来就有或者不可能改变的特性，它是在社会实践活动中逐渐培养锻炼出来的，是一种能够培养和发展的技能。培养意志力的方法有以下几种：

1. 确定目标并专注它

人的意志活动，总是指向一定的目的。目的的性质决定人的意志力。空乘人员只有确立与人生理想紧密相连的奋斗目标，才能具有坚忍不拔的意志力。目标必须明确而适当,越明确越具体,越能有的放矢,始终如一,坚持到底。过高或过易的目的不利于培养和锻炼人与困难做斗争的毅力。

2. 要有切实的计划

目标一经确定,就必须拟订切实可行的行动计划。这里包括行动的步骤、方法和手段的选择。在制订计划时要正确分析实现计划的主客观条件,采取各种手段的有效性和合理性。只有理智地分析各种因素,权衡利弊,才能确定既能达到目又适合个人实际条件的可行计划。意志力坚强与否,能从执行计划的过程中得到如实反映。坚强者:果断,持之以恒;薄弱者:动摇,半途而废。

3. 要有迎难而上的精神

通常困难来自以下几个方面:在执行决定的行动中,会有巨大的智力和体力紧张,要克服个人个性中原有的消极品质,如懒惰、保守、不良习惯等,要忍受由行动带来的种种不愉快的体验等。要克服这些来自主客观的种种困难,就需要迎难而上、坚忍不拔的精神,否则,将不能到达胜利的彼岸。

4. 积极主动

不要把意志力与自我否定相混淆,当它应用于积极向上的目标时,将会变成一种巨大的力量。主动的意志力能让人们克服惰性,将注意力集中于未来。在遇到阻力时,想象自己在克服它之后的快乐;积极投身于实现自己目标的具体实践,人们就能坚持到底。

5. 要坚持不懈

俗话说:"善始容易,善终难。"意志力的锻炼,必须具有持之以恒、善始善终的品质。大凡有志者均是数十年如一日、专心致志、锲而不舍的意志坚定者。俗话说"有志者事竟成",其中含有与困难做斗争并且将其克服的意思。在执行决定的过程中,常有与既定目的不符合的、具有诱惑力事物的吸引,这就要学会控制自己的感情,排除主客观因素的干扰,目不旁顾,使自己的行动按照预定方向和轨道坚持到底。那种见异思迁、半途而废的行为,正是意志薄弱的表现。"无志者常立志,有志者立长志",正是对意志强弱的生动写照。美国罗德岛大学心理学教授詹姆斯·普罗斯把实现某种转变分为四步:抵制——不愿意转变;考虑——权衡转变的得失;行动——培养意志力来实现转变;坚持——用意志力来保持转变。

6. 逐步培养

坚强的意志不是一夜之间突然产生的,而是在逐渐积累的过程中一步步地形成的,中间还会不可避免地遇到挫折和失败。必须找出使自己斗志涣散的原因,才能有针对性地解决问题。

7. 乘胜前进

实践证明,每一次成功都将会使意志力进一步增强。如果你用顽强的意志改掉了一种不良习惯，那么就能获取与另一次挑战决斗并且获胜的信心。

拓展阅读

心理压力测试

1. 应付日常的一些工作学习，你会很容易感到疲劳吗？
   A. 是　　　　　B. 否
2. 你能合理安排自己的学习和娱乐时间吗？
   A. 是　　　　　B. 否
3. 你经常会躺在床上睡不着吗？
   A. 是　　　　　B. 否
4. 你容易为小事动怒吗？
   A. 是　　　　　B. 否
5. 你认为你的家人对你够友善吗？
   A. 是　　　　　B. 否
6. 早上起床，你会感到很疲倦，不想起床吗？
   A. 是　　　　　B. 否
7. 面对自己一直喜欢吃的食物，你有提不起食欲的感觉吗？
   A. 是　　　　　B. 否
8. 你有广泛的兴趣爱好吗？
   A. 是　　　　　B. 否
9. 你有使用药物或酒精等帮助睡眠的习惯吗？
   A. 是　　　　　B. 否
10. 最近几天有让你高兴的事情发生吗？
    A. 是　　　　　B. 否
11. 如果今天的工作没有做完，你会把工作带回去继续做完吗？
    A. 是　　　　　B. 否
12. 你会经常感冒或者头痛、发烧吗？
    A. 是　　　　　B. 否
13. 你很难集中精力完成一件事吗？
    A. 是　　　　　B. 否
14. 当提前说好的事遇到变故，你会容易感到沮丧吗？
    A. 是　　　　　B. 否
15. 你常有消化不良或便秘的时候吗？
    A. 是　　　　　B. 否

16. 你有在深夜突然醒来，再也无法入睡的经历吗？
    A. 是　　　　B. 否
17. 最好的放松地点对你来说是自己的家吗？
    A. 是　　　　B. 否
18. 你是否喜欢埋头工作而躲避处理复杂的人际关系？
    A. 是　　　　B. 否
19. 情绪不好的时候，你会找家人以外的朋友倾诉吗？
    A. 是　　　　B. 否
20. 从事一项运动或游戏的时候，你会想办法取得胜利吗？
    A. 是　　　　B. 否
21. 你是否比同事或同学花更多的时间在同一工作上？
    A. 是　　　　B. 否
22. 你在休息日里会因为无所事事而感到懊恼吗？
    A. 是　　　　B. 否
23. 长时间的等待会让你容易生气吗？
    A. 是　　　　B. 否
24. 你认为你的体重正常吗？
    A. 是　　　　B. 否
25. 紧张的时候，你会浑身冒冷汗吗？
    A. 是　　　　B. 否
26. 工作日程过满的时候，你会有身体不适的反应吗？
    A. 是　　　　B. 否
27. 你会觉得很多事情不是你能把握的，为此而感到懊恼吗？
    A. 是　　　　B. 否
28. 你觉得生活中自己积累的问题太多，把自己压得喘不过气来吗？
    A. 是　　　　B. 否
29. 你害怕遇到争吵，并且在争吵中总处于弱势吗？
    A. 是　　　　B. 否
30. 你觉得自己不能控制生活中的烦恼吗？
    A. 是　　　　B. 否

分数计算：

以上30题中选择A得1分，选择B不得分。

测试分析：

1～10分：你对压力有着非常良好的调节能力，你会选择理智的方式面对不同的压力，适当的转换压力为动力。你的抗压能力很好，归功于你的心理调节能力。更多时候，你在生活和工作中愿意接受压力的挑战。

11～20分：你的生活中虽然有一些让你感到有压力的事情，但是你还能调整心态，应对一些压力，有时候你会觉得压力可激发你的动力，但是你绝对不会主动选择巨大的压力，因为你的调节能力和适应能力有限。

21～30分：你对生活中的压力非常敏感，你不喜欢生活在巨大的压力下，一旦压力超过你的承受范围，你会迅速逃避，或者在压力下表现出失常的精神状态。

项目小结

1. 心理素质是指以个体的生理条件和已有的知识经验为基础，将外在获得的刺激内化成稳定的、基本的、衍生的并与人的适应行为和创造行为密切联系的心理品质。

2. 对空乘人员而言，优秀的心理素质有利于顺利完成工作；有利于自我发展；有利于开发潜能；有利于增加自信心；有利于提高自制力。

3. 空乘人员提高心理素质的策略包括培养健全人格；要有自知之明；培养战胜挫折的能力；培养良好的环境适应能力；培养积极心态；理顺人际关系；参加有益活动。

4. 空乘人员的能力要求包括观察能力、记忆能力、自控能力、应变能力和语言表达能力。

5. 意志力是指人们为达到既定目的而自觉努力的程度或坚强的意志品质。

6. 意志力培养的意义包括意志力是一种顽强的斗志；意志力是一种能量；意志力是人们获得成功的重要保障。

7. 培养意志力的方法包括确定目标并专注它；要有切实的计划；要有迎难而上的精神；积极主动；要坚持不懈；逐步培养；乘胜前进。

思考与练习

1. 空乘人员应具备哪些能力？
2. 空乘人员提高心理素质的策略有哪些？

参考文献

[1] 程正方. 现代管理心理学 [M]. 北京：北京师范大学出版社，2004.
[2] 顾胜勤. 旅客服务心理学 [M]. 2版. 北京：北京理工大学出版社，2005.
[3] 黄希庭. 心理学导论 [M]. 2版. 北京：人民教育出版社，2007.
[4] 贾妍，陈国胜. 消费心理应用 [M]. 2版. 北京：北京大学出版社，2010.
[5] 刘纯. 旅游心理学 [M]. 天津：南开大学出版社，2000.
[6] 刘桦，魏全斌，刘忠. 航空服务心理与实务 [M]. 成都：四川教育出版社，2008.
[7] 李永，张澜. 民航服务心理学 [M]. 北京：中国民航出版社，2006.
[8] 李昕，李晴. 旅游心理学基础 [M]. 北京：清华大学出版社，2006.
[9] 李志飞. 旅游消费者行为 [M]. 2版. 武汉：华中科技大学出版社，2019.
[10] 庞美云. 客舱服务心理学 [M]. 北京：人民交通出版社，2016.
[11] 孙庆群. 旅游服务心理学 [M]. 北京：化学工业出版社，2007.
[12] 史锋. 商务礼仪 [M]. 北京：高等教育出版社，2018.
[13] 魏全斌. 民航服务心理与实务 [M]. 北京：北京师范大学出版社，2014.
[14] 萧怡然. 旅游消费者行为学 [M]. 北京：北京理工大学出版社，2017.
[15] 向莉，周科慧. 民航服务心理学 [M]. 北京：国防工业出版社，2010.
[16] 杨丽明，廉洁. 民航服务心理学 [M]. 北京：中国人民大学出版社，2019.
[17] 于海波. 民航服务心理学教程 [M]. 北京：中国民航出版社，2007.
[18] 叶伯平. 旅游心理学 [M]. 2版. 北京：清华大学出版社，2013.
[19] 叶萍. 民航服务心理学："理论·案例·实训一体化"教程 [M]. 北京：中国民航出版社，2015.

[20] 赵慧军. 现代管理心理学［M］. 北京：首都经济贸易大学出版社，2012.

[21] 郑菲菲. 民航服务心理学［M］. 北京：中国旅游出版社，2018.

[22] 张澜. 民航服务心理与实务［M］. 北京：旅游教育出版社，2007.

[23] 赵颖. 民航服务心理学［M］. 上海：上海交通大学出版社，2016.

[24] ［美］戴维·迈尔斯. 社会心理学［M］. 11版. 侯玉波，乐国安，张智勇，等，译. 北京：人民邮电出版社，2014.

[25] ［美］马斯洛. 马斯洛人本哲学［M］. 成明，译. 北京：九州出版社，2003.

[26] ［美］斯蒂芬·P·罗宾斯，玛丽·库尔特. 管理学［M］. 11版. 李原，孙健敏，黄小勇，译. 北京：中国人民大学出版社，2012.

[27] 高翔. 民航服务心理学「M］. 上海：上海交通大学出版社，2017.